名师名校名校长

凝聚名师共识
回应名师关怀
打造名师品牌
培育名师群体

　　　　　　程晓远题

高中英语Project板块

教学设计与实践研究

张欢英　主编

西安出版社

图书在版编目（CIP）数据

高中英语Project板块教学设计与实践研究 / 张欢英
主编. -- 西安 ：西安出版社, 2024. 11. -- ISBN 978
-7-5541-7841-6

Ⅰ. G633.412

中国国家版本馆CIP数据核字第20245W6G47号

高中英语Project板块教学设计与实践研究
GAOZHONG YINGYU Project BANKUAI JIAOXUE SHEJI YU SHIJIAN YANJIU

出版发行：西安出版社

社　　址：西安市曲江新区雁南五路 1868 号影视演艺大厦 11 层

电　　话：（029）85264440

邮政编码：710061

印　　刷：北京政采印刷服务有限公司

开　　本：710mm×1000mm　1 / 16

印　　张：13.25

字　　数：175千字

版　　次：2025 年 3 月第 1 版

印　　次：2025 年 3 月第 1 次印刷

书　　号：ISBN 978-7-5541-7841-6

定　　价：58.00 元

编 委 会

目 录

引　言

随着全球化的加速和教育改革的不断深入，高中英语教育的重要性日益凸显。传统的教学方式往往侧重于知识点的灌输，而忽视了学生的实际应用能力和综合素质的培养。在这一背景下，项目化学习作为一种创新的教学模式，对于提高学生的英语水平和综合能力具有显著的优势。

一、提高学生英语水平和综合能力的重要意义

（一）提升学生的学习兴趣与积极性

项目化学习是一种以学生为中心的创新型教学模式，旨在鼓励学生通过实际操作、自主探究和团队合作来解决问题，获取知识与技能。在高中英语教学中实施项目化学习，对于提升学生的学习效能和综合素养具有重要意义。

例如，教师可以引导学生围绕某个具有深刻现实意义和时代价值的主题展开深入的学习与探究，如当下备受关注的环境保护主题、促进多元文化沟通和交流的文化交流主题，以及反映社会发展动态的科技创新主题等。在这个过程中，学生不仅需要深入理解相关的英语专业词汇、语法和表达方式，还要运用英语进行思维和表达，将语言学习与实际问题解决紧密结合。

这样的学习方式更能激发学生对于英语学习的兴趣与热情。它打破了

传统教学中教师单向灌输、学生被动接受的固有模式，使学生从被动学习转变为主动学习，真正成为学习的主导者和参与者。在项目化学习中，学生能够深刻体会到英语作为一门语言工具的实用性和功能性，认识到英语学习不仅是为了应对考试，更是为了在现实生活中进行有效的交流、获取信息以及解决问题。这能够激发他们的内在学习动力，从而大幅提高他们的学习积极性和自主性，让英语学习变得更加有趣高效。

（二）增强学生的英语实际应用能力

项目化学习作为一种创新型教学方式，非常注重英语的实际应用，它要求学生置身于真实或模拟的情境中，积极运用英语进行交流、合作并解决各种问题。这种学习方式巧妙地搭建了一座桥梁，将学生所学的英语知识与实际应用紧密结合，有助于学生将所学的英语理论知识转化为实际应用能力，全面提高他们的口语、写作、阅读和听力技能。

例如，在口语方面，通过项目化学习，学生可以参与到英语戏剧表演、小组讨论、英语辩论等活动中，在这些真实或接近真实的语境中锻炼口语表达，克服"哑巴英语"的困境，培养流利、准确的口语交流能力；在写作方面，学生能够基于项目主题进行英语论文、报告、故事创作等，通过实际的写作任务，运用所学语法、词汇和表达方式，不断提升写作水平和逻辑思维能力；在阅读方面，项目化学习会引导学生阅读真实的英语文献、新闻报道、学术研究等材料，提高其阅读速度、理解能力和信息提取能力；在听力方面，学生可以在项目化学习中接触英语电影、英语演讲、英语访谈等英语相关素材，这有利于强化他们的听力技巧以及对英式英语和美式英语等不同口音、语速的适应能力和区分技巧。

通过项目化学习，学生不仅能够更加自如地运用英语进行日常交流，还能为学术研究打下坚实基础。在高中阶段培养良好的英语实际应用能力将帮助学生在未来更好地查阅国外学术资料、参与国际学术交流。此外，在全球化背景下，跨文化交际日益频繁，项目化学习能够让学生深入了解不同文化背景下的英语运用规则和文化内涵，培养他们的跨文化意识和交际能力，使学生在与不同文化背景的人交流时，更加准确、得体地运用英语，避免因文化差异而产生的误解和冲突。

总之，在高中英语教学中积极推行项目化学习，是增强学生英语实际应用能力，培养学生国际视野和跨文化交际能力的有效途径。我们应不断探索和完善项目化学习的教学方法和模式，为学生创造更多实践机会，助力他们在英语学习的道路上取得更大的进步和突破。

（三）培养学生的团队合作精神和创新能力

当下，培养学生的团队合作精神和创新能力已成为教育的核心目标之一。项目化学习作为一种前沿且高效的教育方法，在实现这一目标方面发挥着非常重要的作用。项目化学习通常需要学生分组合作，共同完成具有挑战性的任务。在小组合作中，学生需要学会积极倾听他人的意见和想法，以开放的心态理解和接纳不同的观点。同时，他们需要敢于表达自己的观点和见解，为团队贡献不一样的思路与想法。此外，协调不同成员间的利益诉求和目标方向也至关重要，这需要学生学会换位思考，理解他人不一样的立场，寻求共同的利益点，以达成小组团队的共同目标。这样的学习方式有助于培养学生的团队合作精神和沟通协调能力。同时，项目化学习鼓励学生发挥创意，突破传统思维的束缚，寻找独特的解决方案。这种学习方式为学生提供了广阔的空间，能让他们从不同的角度看待问题，不再局限于常规的方法和思路，而是大胆尝试新的策略，从而培养创新意识和能力。

总之，项目化学习通过小组合作的形式和创新导向的任务设置，有效地培养了学生的团队合作精神、沟通协调能力以及创新意识和能力。这不仅为学生的当前学习和成长提供了有力支持，更为他们未来适应社会发展、迎接各种挑战奠定了坚实基础。

（四）促进学生的全面发展

在当今高中英语教学的过程中，项目化学习的价值愈发凸显，它对促进学生的全面发展发挥着不可小觑的作用。项目化学习绝非仅仅聚焦于学生对英语知识的掌握程度，其深远意义更在于对学生多维度能力的精心培育。它高度重视塑造学生的批判性思维，鼓励他们在面对各种信息和观点时，保持独立思考，不盲目跟从，能够深入分析、理性评判。同时，项目化学习着力培养学生的问题解决能力，让他们在复杂多变的情境中，准确识别问题的关键所在，灵活运用所学知识和经验，探索出切实可行的解决方案。

此外，项目化学习积极助推学生自主学习能力的发展。它为学生营造了一个自主探索的空间，使学生摆脱对教师和教材的过度依赖，学会自我规划、自我监督、自我评价，逐渐养成主动学习的良好习惯。不仅如此，项目化学习还有助于提升学生的时间管理能力，让他们在规定的时间内合理安排任务进度，确保项目的顺利推进；培养学生的信息检索与整合能力，使其能够在海量的信息中迅速筛选出有价值的内容，并加以有效整合；增强学生的挫折承受能力，使他们在面对项目实施过程中的困难和挫折时，保持积极的心态，坚持不懈，勇往直前。

通过全身心投入项目化学习，学生能够全方位提升自身的综合素质。这就如同为他们的未来发展打造了一把万能钥匙，无论是在学术领域追求更高深的知识，还是在职业生涯中应对各种挑战，都能游刃有余，为长远的成功奠定坚如磐石的基础。

（五）适应未来社会的需求

随着全球化的推进和信息技术的发展，未来社会的面貌也会发生深刻变化。在这样的背景下，对于人才的要求也与以前大不相同。未来社会对于具备跨文化交际能力、团队合作精神和创新能力的人才需求越来越高。项目化学习正是培养学生这些能力的重要途径。它为学生提供了一个模拟真实社会情境的学习环境，让学生在实践中锻炼这些能力。

通过在高中英语教学中推行项目化学习，学生能够在英语语言的运用中，深入理解不同文化之间的差异和共性，从而提升跨文化交际的敏感度和技巧。在项目实施的过程中，学生以小组形式合作，共同面对和解决各种问题，这不仅增强了他们的团队协作意识，还培养了他们在团队中发挥个人优势、协调团队资源的能力。此外，项目化学习鼓励学生跳出传统思维的框架，大胆提出新颖独特的想法和解决方案。这种创新思维的训练，将使学生在未来社会中具备应对复杂多变环境的能力，能够迅速适应新的挑战，并创造出独特的价值。

综上所述，在高中英语中积极开展项目化学习，能够为学生铺设一条通向未来的光明道路，让他们更好地适应未来社会的种种需求，成长为拥有广阔国际视野、强大竞争力和创新精神的杰出人才，在全球化的舞台上展现自己的风采，为社会的发展贡献力量。

（六）弥补传统教学的不足

传统的高中英语教学在相当长的一段时间里，往往侧重于语法和词汇的传授，却在一定程度上忽视了对学生的实际应用能力和综合素质的培养。在如今的教育环境下，这样的教学模式愈发显得力不从心。项目化学习作为一种创新的教学模式，可以弥补传统教学的不足，它让学生跳出枯燥的理论灌输，让学生在生动有趣的实际操作中亲身感受英语知识的魅力，从而掌握英语知识，提高英语水平。同时，项目化学习还有助于培养学生的自主学习能力，它引导学生主动探索知识的奥秘，而非被动地接受灌输。通过这种方式，学生能够养成良好的学习习惯和方法，在未来的学习和工作中，无论面对何种挑战和变化，都能保持持续学习和不断进步的动力。

综上所述，高中英语项目化学习的必要性不言而喻。它不仅能提升学生的学习兴趣与积极性，切实增强学生的英语实际应用能力，还能培养他们的团队合作精神、创新能力和批判性思维。更重要的是，项目化学习可以让学生未雨绸缪，更好地适应未来社会的需求，成为具有国际视野和竞争力的人才。因此，在高中英语教育中实施项目化学习是十分必要和有益的。

项目化学习具备创新性、实践性、综合性和包容性等显著特点，其根本宗旨在于让学生在牢牢掌握知识、熟练掌握技能的同时，逐步形成高效解决问题的卓越能力。项目化学习若要真正取得显著实效，关键在于切实落实学生的主体地位，将他们稳稳地推到课堂的核心位置，让他们在学习的主战场上充分施展拳脚，进行自主学习和探究式学习。为了将项目化学习扎扎实实地落到实处，译林版高中英语教材（2020）（以下简称"译林版教材"）的 Project 板块成为一个切实可行的具体抓手，为项目化学习的落地生根提供了有力的支撑和保障。

二、Project 板块与项目化学习的关系

（一）Project 板块的特色

1.实践性

Project 板块通过设计一系列具有实际操作性的项目，让学生在完成具

体任务的过程中，运用并巩固所学的英语知识。这种实践性较强的学习方式，犹如一座桥梁，有效地连接了理论和实践，有助于提高学生的英语应用能力和解决问题的能力。

2.综合性

Project 板块融合了听、说、读、写、译等多项语言技能，犹如一个多元的语言技能拼盘，要求学生在项目中综合运用这些技能。这一综合性的要求，促使学生打破单项技能的局限，从而达到全面提升英语能力的目的。

3.创新性

Project 板块鼓励学生充分发挥创新思维，大胆突破常规。它通过自主探究和合作学习的方式，激发学生在知识的海洋中寻找独特的解决方案。这种创新的学习方式有助于培养学生的创新意识和实践能力。

4.跨文化性

Project 板块中的内容丰富多彩，常常涉及不同国家的文化和习俗，宛如一扇扇通往世界的窗户，使学生在学习英语的同时，也能拓宽国际视野，深入了解多元文化的魅力，增强跨文化交际的能力，为未来在全球化舞台上的交流和合作做好充分准备。

（二）项目化学习与译林版教材 Project 板块的结合

1.以学生为中心

项目化学习强调学生在学习过程中的主体性，这与译林版教材的设计理念不谋而合。通过 Project 板块，学生能够自主选择和设计项目，充分发挥主动性和创造性，展现自己的才华和潜力。

2.任务驱动的学习

在 Project 板块中，学生需要完成一系列具有挑战性和吸引力的任务。

这些任务不仅与学生的实际生活紧密相连、息息相关，真实反映日常的情境和需求，还能极大地激发他们的学习兴趣和动力。学生能够在实际操作中，切实掌握英语知识，稳步提高英语水平，实现英语知识与英语能力的双丰收。

3.合作学习的重要性

项目化学习高度注重学生的合作学习能力。在译林版教材的 Project 板块中，学生需要以小组的形式合作完成任务。这种学习方式不仅能够有效地培养学生的团队协作精神，让他们学会相互支持、相互配合，还能提高他们的沟通协调能力，让他们在交流中不断成长，在合作中共同进步。

4.多元评价体系的建立

项目化学习倡导多元评价体系，关注学生的全面发展。译林版教材的 Project 板块也充分体现了这一点，它不仅关注学生的英语知识掌握情况，还格外注重培养学生的批判性思维、问题解决能力等非智力因素。项目化学习通过多元化的评价，为学生的全面发展提供了精准的导航和有力的推动。

由此可见，译林版教材的 Project 板块全方位地体现了项目化学习的核心理念，通过精心设计具有实践性、综合性、创新性和跨文化性的项目，切实有效地提升了学生的英语应用能力和综合素养。尽管其重要性不言而喻，但在实际的教学过程中，该板块的教学仍面临诸多问题，如部分教师对项目化学习的理解不够深入，教学方法不够灵活，学生参与度参差不齐等，这些问题极大地影响了其教学效果的充分发挥和最佳呈现。

三、 Project 板块教学的局限性

（一）教学偏祖与未全面普及

当前， Project 板块的教学在中小学教育领域尚未达成全面普及的理

想状态。在众多学校中，由于面临着教学时间紧迫、教学任务繁重等现实压力，教师在教学实践中往往会表现出一定的倾向性，即更侧重于传统知识点的传授与讲解，而在不知不觉中忽视了对 Project 板块的深入探究与挖掘。这种教学偏袒的现象，如同无形的屏障，阻碍了学生与 Project 板块之间的深度接触。致使学生对 Project 板块的认识和理解大多仅停留在表层，难以触及其核心内涵。

例如，在一些学校，为了赶课程进度，教师可能只是简单地让学生浏览一下 Project 板块的内容，而没有给予足够的时间和指导让学生去深入思考、实践和交流。这使得学生无法真正体会到该板块在培养综合语言运用能力、创新思维和团队协作等方面的独特作用。

此外，教师对 Project 板块的重视不足，在教学资源的分配上也可能存在不均衡的情况。比如，相关的辅助资料、多媒体资源以及拓展阅读材料等可能相对匮乏，进一步限制了学生对该板块的深入学习和探索。

（二）学生合作学习模式未建立

在 Project 板块的实际教学过程中，学生至今尚未构建起一套成熟且高效的合作学习模式，在团队合作的具体实践中，暴露出了一系列较为显著的缺陷。例如，学生之间的交流与讨论往往不够充分和深入，缺乏积极主动的思想碰撞和信息共享。这不仅使得团队合作的效率大打折扣，也直接影响到了项目完成的质量。

学生在合作过程中不能充分发挥各自的优势，无法实现资源的有效整合，导致项目方案不够完善，执行过程中漏洞百出。同时，由于缺乏有效的沟通协调机制，团队成员之间容易产生误解和冲突，进一步阻碍了项目的顺利推进。

这种缺乏有效合作的学习模式，不仅严重影响了学生个体的学习效果，使得他们难以在合作中充分提升自己的能力和素养，还极大地制约了Project 板块预设教学目标的顺利达成，无法让学生充分体会到团队合作的力量和价值，也难以培养他们在未来社会中所需的合作精神和协作能力。

（三）教师教学手段缺乏创新

随着英语教学重点的不断变化与更新，教师对 Project 板块的教学解决思路呈现出缺乏全面性与系统性的状况，较少采用创新性的教学手段。部分教师在教学过程中，依然因循守旧，沿用传统、单一的教学方法，他们未能充分认识到现代化教学技术所蕴含的巨大潜力，也没有运用多样化的教学手段来激发学生的学习兴趣和积极性。比如，有些教师在教授 Project 板块时，仅仅是照本宣科地讲解教材内容，缺乏与实际生活的联系和拓展。还有的教师没有利用多媒体资源、在线学习平台等丰富的教学工具，为学生创设生动有趣的学习情境。

这种缺乏创新的教学手段，仿佛一潭死水，使得 Project 板块的教学变得枯燥无味、了无生趣，难以吸引学生的注意力，无法激发学生的学习热情和主动性，进而导致学生在学习过程中处于被动接受的状态，影响了他们对知识的理解和掌握，也限制了学生思维能力和创新能力的发展。

（四）教师专业素养有待提高

Project 板块的教学因其独特的性质和目标，对教师的专业素养提出了更高的要求。然而，就当下的实际情况而言，部分教师在应对形形色色的教学环境时，灵活自如地运用多种教学方法的能力尚显不足，仍有较大的提升空间。

一些教师由于自身相关教学经验的欠缺以及必备技能的薄弱，在引导学生进行项目化学习的过程中，往往显得力不从心，难以有效地激发学生的积极性和主动性。例如，在项目选题阶段，无法为学生提供具有启发性和针对性的建议；在项目实施过程中，不能及时给予学生恰当的指导和反馈；在项目总结阶段，难以引导学生进行深入的反思和知识迁移。

这些不足直接导致了教学效果不尽如人意，学生在项目化学习中无法充分发挥自身的潜力，难以实现预期的学习目标。长此以往，不仅会影响学生的学习兴趣和信心，也会阻碍 Project 板块教学的深入开展和质量提升。

（五）教学评价机制不完善

在当前的 Project 板块教学中，教学评价机制也存在一定的问题。目前的教学评价主要侧重于对学生知识掌握情况的考查，而忽视了对学生创新能力、团队合作精神等非智力因素的评价。这种不完善的教学评价机制，使得学生在 Project 板块的学习过程中缺乏全面的反馈和指导，不利于他们的全面发展。

综上所述，译林版教材 Project 板块教学存在的问题主要包括教学偏袒与未全面普及、学生合作学习模式未建立、教师教学手段缺乏创新、教师专业素养有待提高以及教学评价机制不完善等方面。为了解决这些问题，出版一本专门针对译林版教材 Project 板块教学的辅助教材显得尤为重要。本书将结合理论与实践，为广大英语教育工作者提供有力的教学支持，充分挖掘 Project 板块的教学潜力。

首先，针对教学偏袒和未全面普及的问题，本书的出版能够提供一个系统、全面的教学方案，帮助教师更好地理解和运用 Project 板块。通过详细解读教材的设计理念、教学目标和教学内容，本书将指导教师如何充分利用 Project 板块，使其成为提升学生英语能力和综合素质的有效途径。同时，本书还将提供丰富的教学案例和活动设计，激发教师的教学灵感，帮助他们更好地将 Project 板块融入课堂教学。

其次，针对学生合作学习模式未建立的问题，本书将重点介绍如何在Project 板块教学中培养学生的团队合作精神和协作能力。通过提供具体的合作学习策略和方法，以及团队合作的实操案例，本书将帮助学生建立起有效的合作学习模式，提高他们在项目中的互动与交流能力。这将有助于学生在完成项目的过程中，相互学习、共同进步，从而提升他们的英语水平和团队协作能力。

再次，针对教师教学手段缺乏创新的问题，本书将引入一系列创新性的教学方法和手段。通过结合现代化教学技术和多样化的教学手段，本书将指导教师如何激发学生的学习兴趣和积极性，使 Project 板块的教学变得更加生动有趣。例如，教学中教师可以利用多媒体技术呈现项目内容，或者通过角色扮演、情景模拟等方式让学生更加深入地参与到项目之中。这些创新性的教学手段将有助于提升教师的教学效果，同时能够提高学生的学习体验。

此外，针对教师专业素养有待提高的问题，本书将提供专业的教师培训内容和指导建议。通过详细阐述 Project 板块的教学理念、方法和技巧，以及分享成功的教学案例和经验，本书将帮助教师提升专业素养和教学能力。同时，本书还将提供一系列实用的教学资源和工具，如课件、教案等，以方便教师进行备课和教学实施。

最后，针对教学评价机制不完善的问题，本书将探讨如何建立全面、科学的教学评价机制。通过引入多元化的评价方式和方法，如形成性评价、终结性评价等，本书将指导教师如何全面评估学生在 Project 板块学习中的表现和成果。这将有助于学生及时了解自己的学习进度和问题所在，从而调整学习策略和方法；也有助于教师更好地了解学生的学习情况，以便进行针对性的指导和帮助。

第一章

理论基础

高中英语 Project 板块的教学基于多种重要理论。建构主义理论是其一，它强调学生主动构建知识。在 Project 板块中，学生通过自主探索和实践，将已有的英语知识与新的经验相结合，形成更深入的理解。合作学习理论也发挥关键作用。学生以小组形式完成项目，在合作中互相交流、取长补短。情境学习理论则注重真实情境的创设，让学生在接近实际生活的场景中学习。

基于多种教学理论的综合运用，高中英语 Project 板块能够为学生提供一个富有创造性的学习环境，促进学生英语综合素养的全面提升，包括语言能力、思维能力、合作能力、自主学习能力等，使学生能够更好地适应未来的学习和社会发展的需求。同时，教师在教学过程中也应根据学生的实际情况和教学目标，灵活运用这些理论，设计出丰富多彩、具有挑战性和吸引力的项目任务，引导学生积极参与，充分发挥他们的潜力。

第一节　Project 板块教学的理论基础

译林版教材 Project 板块为综合语言实践项目，其核心在于引导学生充分整合并综合运用单元的语言知识和语言技能，广泛开展形式多样的语言实践活动。通过小组合作学习和自主探究的模式，学生共同完成一项综合性任务，以达到实现知识和能力迁移创新的目的。该板块帮助学生在思考、调查、讨论、交流、合作和展示的过程中，实现综合语言运用能力的显著发展。译林版教材 Project 板块的设计理念具备以下四个特点。

（1）活动方式：合作与探究。

（2）主要性质：综合性与实践性。

（3）教师的主要角色：Organizer and Consultant。

（4）分两个时段完成：Preparation and Presentation。

Project 属于开放性探究学习活动，将学习与实践充分结合起来，体现了英语课程标准提出的"用英语做事情"的理念。

然而在实际教学中，教师对 Project 板块的重视程度参差不齐，在教学时间和教学任务安排上也存在差异，或者受传统教学中"重语言知识而轻语言运用"这一固有观念的束缚，导致无法实现对每个单元的这一板块进行真正意义上的探究，从而无法促进学生实践活动向纵深发展，无法切实将自主学习和合作学习落到实处，也无法助力学生在使用英语的过程中形成语言能力、合作能力和创造能力。

那么，究竟应当如何正确把握 Project 板块单元特点，充分体现 Project 板块的设计理念，切实有效提升 Project 板块单元教学效果呢？本书从以下几个方面探讨一下 Project 板块教学的实操性及其理论基础。

一、转化教学形式，实现深度学习

综合性与实践性是 Project 的主要性质。无论是对知识的系统梳理，还是课堂活动的精心编排，皆需通过深度学习方能达成。深度学习绝非学生的独自摸索，而是一种教学活动，教师在其中扮演着关键的引领角色，重在引导并协助学生积极开展学习活动，而对于学生而言，重点在于让学习过程充满意义。

在深度教学实践中，教师不仅要高质量传授相关专业知识，还要结合相关教学资源，灵活调整自己的教学方法。如此一来，方能让学生感受到英语的趣味性以及多重价值。在这个过程中，教师要注重对学生心理需求的精准洞察和了解，同时深入开发和延展教材内容，并结合学生的思维方式来进行行之有效的引导。唯有如此，方能在满足学生的心理需求的同时，帮助他们快速地理解课堂活动的内容。由此可见，在深度学习的过程中引入心理学，不仅能够帮助教师对学生进行深入了解，还能够引导教师适时调整自身的教学计划和方法，做出适当的改变。深度学习需要有教师的有力引领以及学生的高度参与。学生主要参与探讨那些具有一定难度的学习模块主题，在这个过程中，学生能够逐渐领悟学科的核心知识，洞察学科的本质及思想方法，培养积极的内在学习动机，树立正确的世界观、人生观和价值观，成为既有独立批判精神又具备合作精神的卓越学习者。

例如，在进行某个关于环境保护的 Project 学习时，教师可以先深入讲解相关的专业词汇，然后引入丰富的环保案例视频，激发学生兴趣。接着，组织学生分组讨论当地的环境问题及解决方案，引导学生思考如何用英语准确表达观点。在这一过程中，教师关注学生的困惑和心理状态，及时给予鼓励和指导。学生通过合作探究，不仅提高了英语运用能力，还增强了环保意识，理解了可持续发展的重要性。

因此，在 Project 板块教学中开展深度教学实践，有利于培育学生的正确价值观念、优秀品格和关键能力，进而切实落实英语学科核心素养的培养。这对于推动学生的全面发展具有举足轻重的意义，能够为学生的未来发展奠定坚实基础，使其在知识的海洋中畅游的同时，塑造健全的人格和卓越的能力，以适应社会的不断变迁和发展需求。

二、创新教学方法，实现赋能融合

教育在社会进步和人才培养中始终占据着至关重要的地位，而不断推陈出新的教学方法则是驱动教育蓬勃发展的关键动力。在当今时代，信息技术正以惊人的速度发展，智能化的浪潮汹涌而来，教育领域也无可避免地迎来了崭新的挑战与前所未有的机遇。在这样的时代背景之下，赋能教学这一概念顺势而生。在赋能教学中，核心要点在于"四融合"，即将信息科技、人工智能 AI、大数据平台以及云计算等前沿新兴技术，与教学内容和教学方法巧妙地加以结合，以此推动教学形式的创新变革，显著提升教育教学的实际效果。其中，信息科技的融合在 Project 的教学实践中得到了出色的运用。

例如，在学生小组合作完成项目的过程中，信息收集这一环节便离不开互联网的有力支持。借助互联网这一强大的工具，学生能够打破时间和空间的限制，高效便捷地获取丰富多样的信息资源。通过搜索引擎、学术数据库等渠道，学生能够迅速查找到与项目主题相关的权威资料、最新研究成果以及不同视角的观点，为项目的深入开展提供了坚实的基础。

而且，信息技术的融合为赋能教学赋予了更多的可能性，为学生提供了海量的学习资源。凭借互联网的强大功能，学生可以随时随地获取所需的各种学习资料。不论是详尽的文本资料、生动的音视频内容，还是丰富多样的网上课程，都极大地丰富了学生的学习内容和方法，满足了不同学生的个性化学习需求。与此同时，信息技术还为学生搭建了众多便捷的交流与合作平台。学生可以通过网络平台进行小组讨论，实时交流项目的进展情况，分享彼此的想法和见解。这种线上的互动方式不仅突破了传统课堂中面对面交流的局限，还让学生能够更加自由地表达观点，促进了学生之间思维的碰撞和合作能力的发展。

综上所述，赋能教学为教育领域开辟了更为广阔的发展空间，带来了无限的可能和众多的机遇。信息科技的融入使得 Project 教学变得更加丰富多彩，为学生创造了更全面、更优质的学习体验。这不仅有助于提升学生的学习效果和综合素质，也为教育事业的持续进步和长远发展注入了源源不断的活力，产生了积极且深远的影响。未来，我们有理由相信，随着技术的不断进步和教育理念的持续更新，赋能教学将在教育领域发挥更加显著的作用，培养出更多适应时代需求、具备创新精神和实践能力的优秀人才，为社会的发展和进步做出更大的贡献。

三、优化教学目标，打造生长课堂

生长课堂乃是在"教育即生长"这一理念指引下所呈现出的一种教学样态。生长课堂将学生的生长需求视作起始点，充分尊重学生的个性差异与特长优势，牢牢立足于学生个体的实际情况。在具体的实际教学中，鉴于不同的学科特性以及各异的学习内容，必然需要展现出各不相同的教学样态。

生长课堂本质上是对传统课堂中知识传授模式的革新，即将传统的单方面知识灌输转变为合作交流以及借助多种媒介的全新方式，堪称对传统教学课堂的一次颠覆性变革。教师通过在课堂内外对各类知识的详尽阐述，促使学生自主地实现知识的深化拓展。同时，通过学生彼此之间的交流互动与通力合作，从而达成更为理想的教学效果。在新时代课程改革的宏大背景之下，所有教师都应当明确自身的地位。往昔那种以单纯讲授为主的教学观念，已然难以适应现代社会的发展需求。如今，教师应当积极组织学生开展自主学习，悉心引导学生进行合作性学习，并参与其中，切实转变自己在教学中的定位，从而有效改进课堂上的教学模式。

教师在授课过程中会对学生产生显著的示范性影响。例如，在 Project 的实际教学中，如何担当组织者的角色，怎样进行合理分组，又如何精准把控教学时间等，这些都对教师提出了严峻的挑战，需要教师不断地更新自身的教学理念。教师应当深刻领悟：英语课堂绝非仅仅是学生单方面的成长历程，教师自身同样也在这一过程中不断成长！这是一个双向互动、彼此促进且相辅相成的动态过程。

在精心设计的 Project 教学活动中，通过引导学生自主探索、小组协作解决问题，教师能够从学生的独特视角和创新思维中获得启发，进一步完善自己的教学策略和方法。而学生在教师的有效组织和引导下，逐渐培养自主学习能力、合作精神和问题解决能力，实现知识与能力的全面提升。这种双向的成长不仅促进了教学相长的良好氛围，更使得英语课堂充满活力与创造力，真正成为师生共同发展的舞台。

总之，只有教师持续优化教学目标，不断更新教学理念，积极打造生长课堂，才能更好地满足学生的发展需求，推动教育教学质量的不断提升，培养出适应时代发展的高素质人才。

四、找准师生角色，实现建构主义

建构主义理论作为当代至关重要的教学理论之一，具有深远的影响力。它着重强调了以学生为核心的主体地位，明确指出学生乃是信息处理与加工的关键主体，是知识意义主动建构的主要承担者。而在整个教学进程中，教师仅仅扮演着组织、指导以及促进者的角色。

建构主义理论认为，学习实质上是学习者基于现阶段已有的经验和基础，通过积极参与富有意义的活动并与之相互作用，进而构建对于知识全新理解的认知过程。学科知识的获取以及能力的提升，乃是学习者在特定情境化的互动探究活动中，在教师与同学们等的协同帮助下，通过筛选以及充分运用合理且必要的学习资源，以进行有意义建构的方式来实现的。

建构主义高度凸显了学习者的主动性，主张学习是学习者依据原有的知识经验生成意义、建构理解的动态过程。这一理念与传统的学习理论和教学思想存在显著差异，对教学实践具备重要的指导价值。建构主义理论对于 Project 板块的教学主要带来以下几点启示。

首先，完成观念的彻底转变。在建构主义理论指引下的教学活动中，"以学习者为中心"这一理念能够真正落到实处，而非仅仅沦为一句空洞的口号。传统教学中"满堂灌"的方式，往往导致学习者陷入"消化不良"的困境，也无法有效促进学习成果的转化。学习者不应只是单纯、被动地接收信息，而应当以自身原有的知识经验作为基石，对新接收的信息进行重新认识和编码，进而建构属于自己的独特理解。例如，在一个关于历史文化的 Project 学习中，如果教师只是一味地讲述历史事件和文化特点，学生可能会感到枯燥且难以理解。但如果让学生基于自己对历史的兴趣和已有的初步了解，通过查阅资料、小组讨论等方式，自主探究某一特定历史时期的文化现象，他们就能够更加深入地理解和建构相关的知识。

其次，经历角色的转换。教师要从传统的"知识搬运工"转变为"活动组织者""活动引导者""活动咨询师"。教师需要激发学习者的学习兴趣，巧妙创设符合教学内容的情境，帮助学习者建立新旧知识之间的紧密联系，尽可能营造良好的协作与交流氛围，有效地引导学习者自主提出解决问题的方案，并协助学习者进一步完善知识体系。比如，在一个关于环保主题的 Project 中，教师可以组织学生参观环保设施，引导学生思考如何从身边小事做起保护环境，为学生提供相关的研究资料和专家咨询渠道，鼓励学生提出创新性的环保方案，并在学生遇到困难时给予适当的建议和指导。

最后，要充分激发学习者学习动机。教师应当为学习者提供具有一定难度的内容，以此调动学习者的积极性，充分发挥其潜能，促使学习者真正实现从"要我学"到"我要学"的根本性转变。

项目化学习模式要求学生在"做中学"，通过小组合作、收集相关资料、进行项目的研究与设计、主动探究、讨论分享、自我感悟体会，最终对项目探究结果进行展示。在这一过程中，学生能够在原有的知识结构基础上"生长"出新的知识经验和认知结构。

综上所述，建构主义的学习理论为 Project 板块开展项目化学习提供了充分的理论依据。它促使教学更加关注学生的主体地位，强调学习的主动性和建构性，有助于培养学生的创新思维、合作能力和自主学习能力，为学生的未来发展奠定坚实的基础。

五、任务驱动理论，认知结构相随

任务驱动教学指的是在解决问题与完成任务的特定氛围中所开展的学习活动。任务驱动教学尤为强调引导学生在实践操作中学习，这与 Project 板块的宗旨高度契合。行之有效的任务驱动教学能够充分调动学生的积极性，显著提高学生的学习效率，在节省教学时间成本的基础上，更精准地集中攻克重点和难点知识。通过任务驱动的教学方式，能够更凸显学生的主体地位，这种教学模式与建构主义教学理论的核心要义相符，实现了学生学习活动与问题的有机结合，以问题探索来引导学生的学习进程，能够吸引学生主动摄取知识，同时有利于学生主动探寻问题。

首先，任务驱动教学法有助于学生更清晰地明确学习目标，进而制订详细的学习计划，推动学生对英语知识形成更清晰的认知。任务驱动促使学生在明确的任务指引下，有针对性地进行预习，他们会主动思考任务所涉及的知识点，查找相关资料，提前对即将学习的内容有初步的了解。这种预习不仅增强了学生的自主学习能力，还为课堂上更深入的学习做好了准备。当学生带着预习的成果和疑问进入课堂时，他们能够更专注于重点和难点知识的学习，与教师和同学的互动也会更加积极有效。

其次，任务驱动教学法有助于激发学生的英语学习兴趣，充分调动学生参与英语活动的积极性，同时丰富了学生的英语学习经验，进一步引导学生牢牢掌握课堂内容。任务的设定往往具有一定的挑战性和趣味性，能够激发学生的好奇心和求知欲。学生在完成任务的过程中，会经历思考、尝试、失败、再尝试的过程，每一次的成功都会带来成就感，这种积极的情感体验会进一步增强他们对英语学习的兴趣和信心。而且，通过参与各种任务活动，学生能够积累丰富的学习经验，学会运用不同的策略和方法解决问题，这些经验将有助于他们在今后的学习中更加游刃有余地应对各种挑战。

认知结构理论是由美国的教育学家布鲁纳提出的，也称为"认知—发现说"。它强调教师要鼓励学生先自主学习概念和原理，再进行自主探究实验，从而让学生自行发现并归纳出相应的规律。布鲁纳的认知结构理论强调学习的意义在于能否将新旧知识建立起实质性的联系。将其重点强调的特征归纳如下：

（1）重视学习过程。教师要在学习过程创设一个真实的情境，让学生基于真实的情境去探索，成为主动的知识探索者而非被动的知识接受者。

（2）关注内在动机。教师要关注并掌握学生的具体情况，采用合适的方式方法激发学生的学习内驱力，鼓励学生大胆挑战自己。

（3）强调信息的提取。教师要引导学生收集、分析、整理信息，培养学生的信息素养。

Project 板块的项目式学习摒弃了传统的灌输式教学方法，它将解决真实情境下的问题设定为主要目标，在设计理念上与认知结构理论异曲同工。这种学习方式让学生在真实的问题情境中运用所学知识进行思考和实践，不仅深化了学生对知识的理解和运用，还培养了学生解决实际问题的能力，真正实现了知识与实践的有机结合。

六、完善教学活动，推动合作学习

合作学习是以小组作为基本的组织形式，小组成员之间相互扶持、彼此协助，共同致力于达成学习目标的活动。也就是说，合作学习是以精心设计的目标为引领，以师生之间、生生之间以及师师之间的通力合作为根本动力，以小组活动作为基本的教学形式，而其具体的实施则需要进行全面、综合的考虑与深入的分析。

与传统的英语教学模式有所不同，合作学习拥有其独具特色的教学理念。

首先，合作学习强调在积极的互动中推动师生合作以及生生合作，从而改变传统教学中被动接受式的学习方式。在英语教学中，不再是教师单方面的讲授、学生被动地倾听，而是通过师生之间以及生生之间的频繁互动，在丰富多样的语言交流活动中促使英语教学目标得以实现。这种互动不仅让学生更加主动地参与到学习过程中，还增强了他们运用语言进行实际交流的能力。

其次，合作学习要求教师紧密结合具体的教学内容和明确的教学目标，精心创设适宜的教学情境。在合作学习模式中，学生不再是孤立地进行自学，而是能够融入具体的教学情境之中，与同学展开合作与交流。学生能够在与同伴、小组或者全班同学的互动活动中表达个人的见解，倾听他人的看法，进而培养起团结协作的意识以及相应的能力。在这样的情境中，学生能够更加真实地感受到语言的运用场景，提高语言运用的准确性和流利度，同时能够学会尊重他人的观点，学会从不同的角度思考问题。

最后，教师的角色也在不知不觉中发生了悄然的转变。教师不再是学习过程中的绝对权威，而是成为学生合作活动中的导演、参与者、引导者以及帮助者等多重角色。教学中教师不再是机械地进行知识传授，而是充分发挥学生的主体作用，为他们提供更多的参与机会和充足的练习时间。学生在教师的悉心帮助和有效引导下，能够在合作的氛围中不断学习、逐步成长。

　　总之，创设良好的学习环境和生动的活动情境需要教师在合作学习的过程中坚决贯彻落实。教师应引导学生积极参与互动合作，紧密结合具体的教学目标，培养学生的优良品质以及美好的道德修养。通过完成 Project 板块的项目学习，真正将自主学习和合作学习落到实处。学生成为学习的主导者，不仅顺利实现了单元项目的学习目标，而且对单元的主题意义进行了更深入的探究。这种学习方式有助于培养学生的综合素养，使他们具备适应未来社会发展的能力。

第二节　Project 教学课例实践的理论基础

　　2023年5月，教育部办公厅印发《基础教育课程教学改革深化行动方案》，指出为了实现深化课程教学改革，促进学生德智体美劳全面发展，各部门要同心协力促进教师教学行为和学生学习方式发生深刻变化，改革创新教与学方式；要注重核心素养立意的教学评价，发挥评价的导向、诊断、反馈作用，丰富创新评价手段，注重过程性评价，实现以评促教、以评促学，促进学生全面发展。《普通高中英语课程标准（2017年版2020年修订）》指出，教师要积极探索有效的教与学的方式，实践指向学科核心素养的英语学习活动观。

　　沃伦·霍顿（Warren Houghton，2004）将深度学习定义一种高阶学习方式，强调学习者利用分析、理解、决策等技巧，在解决问题的过程中学习，在新旧知识进行联系迁移的基础上理解新知识，并能够主动、批判性地将知识运用到实践中去。而译林版教材 Project 板块旨在训练和培养学生的知识迁移创新能力。如何在三新视域下的 Project 教学实践中实现深度教学呢？本书将从以下几个方面探讨 Project 教学课例实践理论基础。

一、教学设计

选择具有挑战性，紧密贴近学生生活实际且能够有效激发学生学习兴趣的学习活动，乃是学生开展深度学习的重要基石。教师应当深入地思索课堂教学的目标、内容、过程以及方法等诸多方面。这就要求教师充分考量学生的英语学习基础、学习能力、学习认知的特点、学习的动机以及学习时的情感状态；要精心创设能够充分激发学生学习热情、兴趣、信心，有助于学生思维发展以及文化体验的情境；还要设计出能够促进学生积极学习、有利于学生主动建构知识、推动学生深度探究以及思维高阶发展的英语学习活动。因此，在"三新"视域下的 Project 教学实践中，教学设计高度重视构建真实场景以及开展多样化的活动。

构建真实场景和设置真实化的场景任务至关重要。交际的真实性取决于场景的四个关键要素：话题（产出的内容）、目的（产出的原因）、身份（谁产出，为了谁产出）和场合（在何处产出）。在进行教学设计时，应当将话题进行具体化处理，使其贴合学生生活。例如，讨论校园生活中的课外活动选择，或者是周末的家庭聚会安排等，这样的话题能够让学生迅速产生共鸣和参与的欲望。

交际目的可分为说明或解释信息，以及劝说或论证观点。目的决定了话题的讨论方式，因此在进行教学设计时，需要根据交际目的来精心设计相应的讨论活动。比如，如果目的是说明或解释信息，那么讨论活动可以侧重于信息的准确传递和清晰表达；若目的是劝说或论证观点，则需要引导学生提供有力的论据和逻辑严密的论证过程。

在完成交际任务时，如果学生不明确自己的身份和交际对象的身份，就可能导致交流产出不顺畅，甚至以失败告终。因此，在教学设计中，必须有清晰明确的身份设定。若身份设定不当，交际会失去真实性。例如，在模拟商务谈判的场景中，如果学生的身份设定不符合实际情况，就难以达到预期的教学效果。

交际的场合丰富多样，可分为正式场合和非正式场合。在设置场合时，需要考虑学生对于场合的熟悉程度以及与交际参与者相适配的身份。比如，对于高中生来说，较为熟悉的非正式场合可能是学校的社团活动，而正式场合可能是模拟的国际会议。

教师应当针对教学目标和教学对象，精心进行教学活动的选择和设计。在教学过程中，教师可以依据学生的学习情况和知识能力水平，以及Project 课程的话题，选择与之相对应的活动。从导入环节到产出环节，教师可以设置一系列系统性的问题链，依托于这些问题链，促使学习活动循序渐进、层层深入地展开。例如，在关于环保主题的 Project 教学中，教师可以从"你在生活中见到过哪些污染现象"这一简单问题开始，逐步引导到"这些污染的原因是什么""如何解决这些污染问题"等需要深入思考的问题。同时，在教学设计中，教师要紧紧依托于教学目的和活动主题，设置能够引导学生自主学习、合作学习和探究学习的教学活动，让学生主动地开展知识建构、内化交流以及深度加工知识，从而推动其核心素养的形成。例如，组织学生分组进行社会调查，然后共同撰写调查报告，在这个过程中，学生不仅能够提高语言运用能力，还能培养团队合作精神和问题解决能力。通过教师精心设计的教学活动，学生能够在真实的情境中运用所学知识，不断提升自己的综合能力，实现从知识到素养的转化。这不仅有助于提高课堂教学的质量和效果，还能为学生的未来发展奠定坚实的基础。

二、教学方法

当前的英语教学，特别是高中英语教学中，一些教师在教学实践中倾向于采用题海战术，以期实现学生对某一知识点的掌握和应用。然而，这种方式导致学生仅仅处于机械的浅层学习状态，未能达成深度学习的预期目标。教师引导得不足或者不恰当的引导方式，正是这一现象产生的关键原因。王卉、周序（2020）指出，在深度学习的过程中，学生的思维并非自发形成，而是由教师的有效引导所催生。教师的教学进程实质上就是引导学生思维方向的过程，也是引领学生实现深度学习的过程。在教学过程中，教师必须运用恰当的方法引导学生的思维跟上教学的节奏，从而促使学生自发地对教学内容进行分析和思考，进而将输入的内容高效地转化为产出的成果。因此，为了在"三新"视域下达成深度学习，教师在 Project 教学中所采用的教学方法显得尤为重要。

深度学习并非依靠某种单一的教学方法就能实现，恰恰相反，它需要借助多种教学方法的协同并用。现有的研究表明，讲授法、探究法和讨论法都对帮助学生实现深度学习具有显著作用。本书中的 Project 教学案例，既不会盲目地排斥某一种教学方法，也不会盲目地依赖某种特定的教学方法，而是灵活地交替使用多种方法。

深度学习意味着学习者能够透彻理解所学内容，并以批判性的视角学习新的知识。杜威认为，教师的讲授能够激发学生的学习热情，引领学生步入知识的殿堂，同时协助学生梳理已经掌握的知识。因此，通过教师引人入胜的讲授法，学生能够迅速且高效地获取新的知识。然而，教师在运用讲授法的过程中，需要特别留意避免陷入填鸭式教学的误区，要高度重视学生的能力水平和主观能动性，按照从易到难的原则，有针对性地辅助

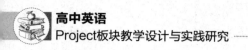
学生学习、理解和构建所学知识。

思考并非自然而然的主动发生，而是由问题、困惑和怀疑所激发。因此，教师在 Project 教学中，应当精心创设真实且富有意义的问题情境，让学生自己去发现问题，进而提出疑问，引导学生通过积极探究和辩证讨论来探寻真理，也就是促使学生在已有的知识基础上，内化新的知识，构建全新的知识体系，从而实现知识输入和产出的有效迁移。总之，教师在 Project 教学中，应根据教学内容和学生的实际情况，合理选择和灵活运用多种教学方法，以促进学生的深度学习和全面发展。

三、教学评价

教学评价指标不仅是引领教学理念和教学行为的方向标，更是落实教学改革的定心石。布莱恩（Bryan，2020）从教学模式的视角出发，认为深度教学指的是教师持续不断地、以批判性的思维评价和反思自身以及学生学习的反思性教学。深度学习的理念要求教学评价推动学生的学习向更深入的层次发展，激发学生主动学习的积极性，并培育学生的高阶思维以及解决实际问题的能力，以此保障深度学习的实施能够取得切实成效，顺利达成课程教学的改革目标。在"三新"视域下，Project 教学需要聚焦于学生的发展，引导学生进行深度学习，借助课堂中的各项评价活动来实现以评促教和以评促学的良好教学效果。

产出导向理论POA（文秋芳，2015）提出了"学用一体说理论"，倡导输入性学习和产出性运用紧密融合，主张边学边用、学中用、用中学，强调学与用的有机结合。该理论将教学过程划分为三个阶段：驱动、促成和评价。产出性的评价又分为即时评价和延时评价。即时评价指的是在学生进行选择性学习和产出任务练习的过程中，教师针对学生的学习效果给予的评价。即时评价有助于教师适时调整教学节奏。延时评价则是指学生依照教师的要求，将练习的成果提交给教师进行评价。

本书的 Project 教学案例，依据"产出导向理论"采用了动态教学评价，将对学生学习效果的评价分为课前、课中和课后三个阶段。

课前评价，也称为诊断性评价，即教师在课程开启之前，全面了解学生的学习能力水平、发展目标以及个性特征等关键信息，进而以此为依据，制定 Project 教学的内容、目标、方法和策略。通过这种方式，教师能够为不同层次和特点的学生量身打造最适合他们的教学方案，使教学更具针对性和有效性。

课中评价，又称为形成性评价，具有动态性、反馈性和及时性的显著特点。形成性评价应当涵盖师生在 Project 课程中共同构建的评价标准、师生合作评价（包括教师评价、学生自评和同伴评价）、学生产出的成果以及修改完善后的成果。在评价的过程中，教师所设置的教学活动应当建立在师生共同构建的真实情境之上，让学生能够在贴近实际的场景中学习和应用知识。评价标准应当明确清晰，易于为学生所理解和掌握，以便他们能够清楚地知道自己的努力方向和目标。师生合作评价需要是切实可行的反馈，而非局限于量化评价，应注重对学生的表现给予具体的描述和建议，帮助学生更好地了解自己的优点和不足，从而促进他们不断改进和提高。

课后评价，也称作终结性评价，在实际教学中常常被师生所忽视。然而，终结性评价不但能够测试学生的深度学习效果，还可以检测教师深度教学的质量。教师可以根据 Project 课堂的主题内容，设计输入-产出的综合性的口头或书面任务，如量表问卷调查、思维导图设计、小综述文章等。通过这些任务，全面考查学生对知识的掌握和运用能力，以及思维的拓展

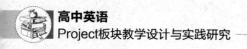

和创新水平。同时，教师能够通过对学生完成任务情况的分析，反思自己教学中的优点和不足，为后续的教学改进提供有力的依据。

综上所述，科学合理的教学评价体系对于 Project 教学的有效开展至关重要。教师通过课前、课中和课后的全面评价，能够及时发现问题、调整策略，促进教学质量的提升和学生的全面发展。

第二章

教师、学习者以及文本分析

　　译林版教材 Project 板块为综合语言实践项目，主要引导学生综合运用前几个单元的语言知识和语言技能开展多样的语言实践活动，帮助其在思考、调查、讨论、交流和合作的过程中发展综合语言运用能力。Project 板块的学习属于开放性探究学习活动，要求学习与实践充分结合起来，充分体现英语课程标准提出的"用英语做事情"的理念。

　　Project 板块要求教师运用课程改革所提倡的既强调语言学习过程又有利于提高学生学习成效的语言教学途径和方法，尽可能多地为学生创造在真实语境中运用语言的机会；鼓励学生在教师的指导下，通过体验、实践、参与、探究和合作等方式，发现语言规律，逐步掌握语言知识和技能，不断调整情感态度，形成有效的学习策略，发展自主学习的能力。因此，Project 教学中教师可以根据自己的风格、学生的兴趣，采用有利于学生健康快乐学习的学习方式，让学生在做事情中学习语言。

第一节　教师分析

一、教师角色与定位

教师在教学中起到非常重要的作用，下文将根据教师在教学中的作用对教师的角色进行定位。

（一）引导者与促进者

在译林版教材 Project 板块的教学实践当中，教师理应扮演好学生学习旅程里引导者和促进者这一关键角色。教师要通过精心策划合理且富有吸引力的任务，并提供必不可少的资源以及精准到位的指导，来帮助学生顺利且高效地完成项目。设计的任务应当贴合高中学生的英语水平和认知能力，同时兼具趣味性和挑战性。比如，在一个关于环保的英语 Project 中，教师可以设定任务为制作一份英文环保宣传手册，要求学生用英语介绍环保的重要性、环保措施以及呼吁大家共同行动。这样的任务既涵盖了高中英语的知识点，又能激发学生深入探究环保话题的热情。而且，教师要为学生完成项目提供充足的资源支持。这可能包括相关的英语文章、视频资料、权威网站链接等，让学生在丰富的资源中获取所需信息，拓宽英语学习的视野。同时，教师给予的指导应精确且具有针对性，当学生在词汇运用、语法结构、篇章逻辑等方面出现问题时，能够及时给予纠正和建议。

此外，教师需要大力鼓励学生勇敢地进行自主探究。高中英语学习不应只是被动接受知识，更应是主动探索和发现。教师要营造宽松的氛围，让学生敢于用英语表达自己的想法和见解，不怕出错，勇于在探索中不断提高自己的英语能力。而且，教师应倡导合作学习的模式。比如在英语戏剧表演的 Project 中，学生分组合作编写剧本、排练表演，在这个过程中，他们需要倾听他人的英语表达，互相纠正发音和语法错误，从而共同提高英语水平。这种合作学习能够充分激发学生对英语学习的兴趣，让他们拥有源源不断的动力，积极主动地投入到英语 Project 的学习中，提升综合运用英语的能力。

（二）评估者与反馈者

教师应当致力于构建起一套科学且完备的评估体系，从而对学生在 Project 板块所获取的学习成果予以全面且客观的评估。与此同时，教师要做到及时并且有效地向学生给予反馈，助力他们明晰地知晓自身的长处与短板，进而明确后续改进和提升的方向。

在具体的评估进程中，教师绝不能仅仅将目光聚焦于学生最终呈现的项目成果上，如报告、展示作品等，而是应当更加注重学生在项目推进过程中的种种表现，包括团队合作能力、问题解决能力、创新思维等多个重要方面。团队合作能力体现在学生是否能够与小组成员有效地沟通协作，共同朝着项目目标迈进；问题解决能力反映在学生面对项目中出现的困难和挑战时，所采取的应对策略和方法是否得当；创新思维则展现在学生能否提出独特新颖的想法和解决方案，为项目增添亮点和价值。

教师通过及时的反馈，如进行面对面的深入交流、给出详细的书面评语等，为学生提供具有针对性的具体建议和热情的鼓励。面对面的交流能够让教师与学生之间实现更加直接和亲切的互动，教师可以通过表情、语气和肢体语言等丰富的表达方式，让学生更加深刻地感受到教师对自己的关注和支持。而书面评语则能够以文字的形式留下清晰且持久的记录，便于学生反复阅读和思考。

这样的反馈能够让学生切实地感受到自己的努力得到了充分的认可，使他们在学习过程中产生强烈的成就感和自信心，同时让学生清楚地明白应当如何进一步完善自己的学习过程和项目成果，明确下一步努力的方向和重点。比如，在团队合作方面，教师可以建议学生更加主动地倾听他人的意见，更加合理地分配任务；在创新思维方面，教师可以鼓励学生勇于突破常规，尝试从不同的角度去思考问题。

总之，科学完善的评估体系和及时有效的反馈机制，对于学生在 Project 板块的学习和成长具有极其重要的促进作用，能够帮助学生不断进步，实现更好的发展。

二、教师专业素养

（一）学科知识

教师必须拥有扎实深厚，涵盖词汇、语法、语音等多个方面的英语语言知识。只有这样，在教学过程中，教师才能够为学生提供精确无误的指导以及切实有效的帮助。扎实的词汇知识能让教师精确阐释词汇的含义、用法和搭配，助力学生丰富词汇储备，从而使他们能够更精准地理解和表达。精通语法使教师能够清晰透彻地剖析句子结构与语法规则，帮助学生规避语法错误，让他们能够书写和说出语法正确、表意清晰的语句。标准的语音知识则有利于教师为学生做出正确的发音示范，及时纠正学生的读音偏差，培养学生良好的语音语调。

此外，教师还需深入洞悉 Project 板块所牵涉的丰富话题和具体内容。唯有如此，教师方能巧妙地设计出契合学生兴趣点和实际需求的教学任务。这要求教师对学生的兴趣爱好、学习水平和发展需求有敏锐的感知和准确的判断。只有充分了解学生，才能使设计的教学任务既充满吸引力，又具有实际的可操作性和针对性，从而激发学生的学习热情和主动性，让他们积极投入到 Project 学习中，实现更好的学习效果，提升综合语言运用能力。

（二）教学技能

教师应当具备出类拔萃的教学技能，其中涵盖了课堂管理、教学设计、教学实施等多个关键方面。教师需要拥有能够灵活且自如地运用各式各样教学方法和手段的能力，如情境教学、任务型教学、合作学习等，通过这些方式来激发学生的学习兴趣以及高度的参与度。

在课堂管理方面，教师肩负着营造积极活跃且秩序井然的学习氛围的重任。这样的氛围能够让学生感受到学习的乐趣，又能保证良好的秩序，使得教学活动得以顺利进行。教师应当确保每个学生都能融入 Project 学习之中，不让任何一个学生掉队或被忽视。要做到这一点，教师需要善于调动学生的积极性，鼓励他们主动参与，同时建立明确的规则和秩序，让学生明白在课堂中什么是被允许和鼓励的，什么是不被接受的。

在教学设计上，教师要依据既定的教学目标以及学生的具体特点，对教学环节和活动进行合理且精心的安排。教学目标应当清晰明确，具有可衡量性和可实现性。而对于学生特点的把握，则需要教师深入了解学生的学习风格、知识水平、兴趣爱好等方面的情况。在此基础上，设计出富有层次、富有挑战性且符合学生认知规律的教学环节和活动，让不同层次的学生都能在学习中有所收获和进步。

在教学实施过程中，教师要善于根据学生的即时反应和实际情况，灵活巧妙地调整教学策略。学生的反应是教学效果的直接体现，教师要敏锐地捕捉到这些信息，并据此判断教学的进度和方法是否合适。如果学生对某个知识点理解困难，教师就应当放慢节奏，进行更详细的讲解；如果学生对某项活动参与度不高，教师就需要及时调整活动形式或内容，以激发学生的兴趣。通过这样的灵活调整，确保教学效果能够达到最优化，使学生能够在有限的课堂时间内获得最大的收获。

（三）教育理念

教师应始终坚守先进且前沿的教育理念，像"以学生为中心""注重实践与创新"等，全面且深入地关注学生的综合发展。教师要深刻领会 Project 板块教学的重要价值与深远意义，以积极主动的姿态，深入探索并切实实践富有成效的教学策略与方法。教师只有这样，才能在 Project 教学中充分发挥引导作用，激发学生的潜能，提升学生的综合能力，让学生在实践与创新中不断成长，为其未来的发展奠定坚实基础。

三、教学策略与方法

（一）任务设计

教师应当依据教学目标和学生的实际需求，精心设计具有挑战性、趣味性和实用性的项目任务。教师在任务设计过程中要注重跨学科的有机整合，引导学生综合运用所学的各类知识来解决实际问题。比如，设计一个关于"环保行动"的 Project 任务，可以融合科学知识（如环境污染的原理）、数学知识（如数据统计与分析）和社会学科知识（如政策法规），让学生从多个角度思考和解决环保问题，以提高他们的综合素养和跨学科思维能力。

（二）资源利用

教师要充分挖掘和利用各种教学资源，包括教材、教辅资料、网络资源等，为学生提供丰富多样的学习材料。同时，教师还要积极鼓励学生利用图书馆、互联网等渠道自主搜集和整理相关资料。此外，教师还可以为学生推荐优质的英语学习网站、在线课程、学术数据库等网络资源，帮助学生拓宽学习视野。在学生自主搜集资料时，教师要给予方法指导，如如何筛选有效信息、如何正确引用资料等，培养学生的信息素养和自主学习能力。

（三）过程指导

在项目实施的整个过程中，教师应当密切关注学生的进展情况和所面临的困难，及时给予恰到好处的指导和切实可行的帮助。教师要鼓励学生相互交流和通力合作，共同攻克难题。当学生在项目中遇到观点分歧或技术难题时，教师可以组织小组讨论，引导学生倾听他人意见，学会妥协与合作。教师还可以提供一些启发性的问题或建议，帮助学生拓宽思路，找到解决问题的方法。

（四）成果展示与评价

项目圆满完成后，教师应当组织学生开展成果展示和交流活动，为学生搭建一个展示自我的平台，让他们能够尽情展示自己的学习成果和独特创意。教师应采用多元化的评价方式，涵盖自我评价、同伴评价和教师评价等，全面且深入地评估学生的学习成果和综合表现。成果展示可以采用班级汇报、作品展览、线上分享等形式，让学生有机会向他人介绍自己的项目成果和心得体会。在评价环节，教师要让学生参与到评价过程中，培养他们的评价能力和反思意识。通过多元化的评价，为学生提供全面、客观的反馈，促进他们不断进步。

四、教师面临的挑战与应对

（一）挑战

部分教师对 Project 板块的教学目标理解不够深入透彻，对其重视程度也有所欠缺。此外，教师在实施 Project 教学时，可能会遭遇时间紧迫、任务繁重等诸多困难。

（二）应对

教师应当加强自身的学习和研究，深入研读课程标准和相关教学资料，与同行进行交流和研讨，从而深刻理解 Project 板块的教学目标和具体要求。教师需要合理规划和安排教学时间，充分利用课堂时间进行集中指导，同时巧妙利用课余时间让学生进行自主探究和小组合作。此外，教师应积极主动地寻求同事的经验分享和专家的专业指导与支持，携手共同探索和实践行之有效的教学策略和方法。

综上所述，Project 板块的教学形式对教师提出了多方面的要求，教师需要从教师角色与定位、教师专业素养、教学策略与方法以及教师面临的挑战与应对等多个维度进行全面且深入的剖析和思考。教师只有通过持续不断地提升自身的专业素养和教学能力，才能够更加出色地实施 Project 板块的教学，有力地促进学生的全面发展和综合素质的提升，为学生的未来发展奠定坚实基础。

第二节　学生分析

译林版教材中的 Project 板块是一个综合性的学习活动，学生在学习过程中需要明确目的与要求、充分准备与规划、注重过程与体验、展示成果与反思以及关注语言运用。只有这样，才能充分发挥 Project 板块的教学价值，提升学生的英语综合素养。

一、学生兴趣与参与度

（一）兴趣激发

Project 板块的内容设计紧密贴合学生的生活实际，广泛涵盖了多个领域和丰富多样的话题，具备强大的吸引力，能够充分激发学生的学习兴趣和强烈的探索欲望。比如，教材中所提及的广告设计（Designing an Ad Campaign）、体育演讲（Making a Speech about Sport）等项目，无一不是学生饶有兴致且与实际生活息息相关的内容。这些内容源自学生熟悉的生活场景，容易引发他们的情感共鸣和认知关联，从而激发他们主动投入学习的热情。

（二）参与度提升

Project 板块的学习明确要求学生积极主动地参与其中，通过小组讨论、合作探究、调查研究等多样的方式来圆满完成任务。这种学习方式从根本上改变了传统教学中学生被动接受知识的局面，有力地促使他们从知识的被动接受者转变为主动的探索者。

在小组讨论中，学生各抒己见，相互启发和补充，共同为项目的推进出谋划策。合作探究则培养了学生的团队协作精神，让他们学会在团队中发挥自己的优势，与同伴携手攻克难题。调查研究让学生走出课堂，深入实际生活收集资料、获取信息，增强了他们的实践能力和对知识的实际应用能力。这种主动参与的学习方式不仅让学生更加深入地理解和掌握知识，还培养了他们的自主学习能力和解决问题的能力。学生在积极参与的过程中，能够体验到学习的乐趣和成就感，从而进一步提高学习的积极性和主动性。

二、学生能力与技能发展

（一）语言综合运用能力

Project 板块的学习明确要求学生在真实生动的情境中灵活运用英语进行交流、合作和展示，从而切实有效地提升学生的语言综合运用能力。通过全身心地参与项目，学生能够在听、说、读、写四个关键方面实现均衡且全面的发展。

在项目的实施过程中，学生需要倾听同伴的意见和想法，锻炼听力理解能力；通过与团队成员的交流和讨论，提高口语表达的准确性和流利度；阅读相关的资料和文献，增强阅读理解和信息获取能力；撰写项目报告、总结和展示材料，提升写作水平和语言组织能力。这种全方位的语言运用实践，让学生不再局限于单一的语言技能训练，而是在真实的语境中综合运用各种技能，实现语言能力的整体提升。

（二）合作与沟通能力

Project 板块的学习高度强调团队合作和沟通交流的重要性，学生在完成项目的整个过程中，需要与同伴保持密切的合作，共同应对和解决各种纷繁复杂的问题。这种学习方式能够培育学生的合作精神和沟通能力，使他们学会尊重他人的观点和意见、耐心倾听他人的想法，并能够清晰有效地表达自己的见解。

在团队合作中，学生需要学会分工协作，发挥各自的优势，共同为实现项目目标而努力。在沟通交流方面，他们需要学会用恰当的语言和方式表达自己的观点，理解他人的需求和期望，协调团队内部的关系，确保项目的顺利进行。通过这样的实践锻炼，学生不仅能够提高沟通技巧和合作能力，还能够培养团队意识和责任感，为今后在社会中的合作与交流打下坚实基础。

（三）批判性思维能力

在 Project 板块的学习过程中，学生需要对问题进行深入的分析和思考，提出合理的假设，广泛收集相关的证据，并最终得出科学的结论。这个充满挑战和探索的过程能够有效地培养学生的批判性思维能力，使他们学会独立思考、理性判断，并能够做出合理且明智的决策。

学生在面对项目中的各种问题和挑战时，不再盲目接受现成的答案，而是通过自己的思考和探究，对问题进行多角度的分析和评估。他们需要收集和整理大量的信息，筛选出有价值的内容，运用逻辑推理和判断能力，形成自己的观点和解决方案。这种批判性思维的培养，有助于学生在今后的学习和生活中，更加敏锐地发现问题、更加深入地思考问题，并更加有效地解决问题。

三、学生面临的挑战与应对

（一）挑战

部分学生或许在项目的初始阶段感到迷茫无措，不清楚如何开启项目或者如何合理地分配任务。同时，学生在项目的实施进程中可能会遇到语言方面的障碍，如词汇量不足、语法错误等，或者在专业知识的掌握上存在欠缺，从而对项目的顺利推进产生不利影响。

（二）应对

教师应当给予清晰明确的指导和坚定有力的支持，协助学生明确项目的目标和任务要求，并帮助他们制订科学合理的项目计划。教师可以通过案例分析、示范操作等方式，让学生对项目的流程和要求有更直观的理解。同时，学生自身也可以积极主动地寻求教师和同伴的帮助，通过充分的小组讨论、广泛地查阅资料等途径，有效解决在项目实施过程中遇到的各种问题。此外，学生还应当始终保持积极乐观的心态和足够的耐心，勇敢地直面挑战，并全力以赴地克服困难。学生要相信自己的能力，在遇到挫折时不气馁，坚持不懈地努力，逐步提升自己解决问题的能力和应对挑战的信心。

四、学生成果与反馈

（一）成果展示

当项目圆满完成之后，学生应当通过多种多样的方式来展示自己的学习成果，如口头报告、海报展示、生动直观的视频演示等。成果展示不但能够有效地锻炼学生的表达能力，增强他们在公众面前展现自我的自信心，还能够为其他学生提供一个了解和学习他人成功经验与优秀做法的良好机会。

口头报告能够培养学生的口语表达能力、逻辑思维能力以及现场应变能力。学生需要将自己在项目中的研究过程、发现和结论清晰、有条理地向听众阐述。在这个过程中，他们学会组织语言、运用恰当的词汇和句型，并通过声音、语调、肢体语言等多种方式增强表达的效果。

海报展示则侧重于培养学生的视觉传达和设计能力。学生需要运用色彩、图形、文字等元素，将项目的核心内容以吸引人的方式呈现出来。这要求他们具备一定的审美能力和布局规划能力，能够用简洁明了的方式传达复杂的信息。

视频演示融合了图像、声音、文字等多种元素，能够更加生动形象地展示学生的项目成果。学生需要掌握视频拍摄、剪辑、配音等技能，将项目内容以富有创意和吸引力的形式呈现出来。这种方式不仅能够锻炼学生的多媒体制作能力，还能够提升他们的故事讲述和创意表达能力。

通过这些不同形式的成果展示，学生能够从多个角度展现自己在项目中的收获和成长，同时能够在与他人的交流和分享中获得更多的启发和进步。

（二）反馈与评价

教师应当给予学生及时、具体并且具有针对性的反馈和评价，既要充分肯定学生在项目过程中的努力和所取得的成果，为他们的付出和成就给予认可和鼓励，也要明确地指出学生在项目过程中存在的问题和不足，为他们指明改进和提升的方向。这种全面而细致的反馈能够帮助学生更好地认识自己的优势和劣势，明确努力的方向，进一步激发他们的学习动力和积极性。

同时，学生自身也应当积极主动地参与到自我评价和同伴评价的过程中。自我评价能够促使学生对自己的学习过程和成果进行深入的反思，分析自己在项目中的表现，总结经验教训，从而更好地调整学习策略和方法。同伴评价则为学生提供了一个从他人视角看待自己的机会，让他们能够了解到自己在团队合作中的表现以及对他人的影响，学会从不同的角度审视自己的行为和成果。

通过自我评价和同伴评价，学生能够更加全面、客观地认识自己，发现自己忽视的问题，也能够学习他人的优点和长处。这不仅有助于培养学生的自我管理和自我监督能力，还能够增强他们的团队意识和合作精神，促进学生之间的相互学习和共同成长。

五、学习策略与建议

学生在译林版教材的 Project 板块学习中，需要明确学习目标与要求，深入理解阅读材料，合理规划学习时间，积极参与小组讨论与合作，注重实践与反思，利用多种学习资源以及注重语言运用能力提升等，从而更高效地学习。具体如下。

（一）明确学习目标与要求

首先，学生务必仔细认真地阅读 Project 板块的学习目标和要求，切实确保自己清晰地知晓需要完成的具体任务以及需要达到的标准。这一策略对于学生而言至关重要，它就如同航海中的灯塔，有助于学生在整个学习过程中始终有明确的方向，避免陷入盲目学习的困境。

（二）深入理解阅读材料

Project 板块通常都会包含与单元主题紧密相关的阅读材料，这些材料不仅是知识的重要来源，更是启发学生深入思考的关键起点。学生需要以认真严谨的态度阅读这些材料，深入理解其内容和结构，同时积极思考如何将其与后续的任务紧密结合起来。在阅读的过程中，学生可以灵活运用标注重点词汇、短语和句子等方法，为后续的学习提供参考。

（三）合理规划学习时间

由于 Project 板块的学习往往需要投入较多的时间和精力，因此学生需要进行科学合理的规划。可以将整个 Project 任务巧妙地分解为若干个具体的小任务，并为每个小任务精心设定详细而具体的时间表。这样的规划方式能够帮助学生更好地掌控学习进度，有效地避免拖延现象的发生，杜绝临时抱佛脚的不良学习习惯。

（四）积极参与小组讨论与合作

Project 板块着重强调团队合作和探究性学习，因此学生需要以积极主动的态度参与小组讨论和合作。在小组讨论的过程中，学生应当大胆地分享自己独特的想法和观点，虚心听取他人的意见和建议，共同致力于解决问题。通过紧密的合作，学生能够实现互相学习、互相帮助，显著提高学习效率和质量。

（五）注重实践与反思

Project 板块的学习并不局限于理论知识的积累，更关键的在于实践能力的显著提升。学生需要严格按照要求完成各种形式的实践活动，如精心制作海报、撰写详细的调查报告、进行精彩的口头汇报等。在实践的过程中，学生要高度注重细节和质量的把控，务必确保自己的作品符合既定的标准和要求。同时，学生还需要及时进行深刻的反思和全面的总结，深入分析自己在实践中的得与失以及宝贵的经验教训，以便在未来的学习中能够持续改进和不断提升。

（六）利用多种学习资源

除了教材本身，学生还可以利用多种学习资源来辅助 Project 板块的学习。例如，可以查阅相关的英文书籍、期刊和网站，了解更多的背景知识和专业术语；可以观看英文视频和听英文歌曲，提高自己的听力和口语能力；还可以参加学校组织的英语角、演讲比赛等活动，锻炼自己的表达能力和自信心。

（七）注重语言运用能力提升

在整个 Project 板块的学习过程中，学生需要时刻关注语言运用和能力的提升。无论是对阅读材料的理解还是小组讨论的发言和实践活动的展示，都需要学生运用英语进行交流和表达。因此，学生需要注重语言的准确性和流畅性，不断提升自己的英语综合运用能力。同时，学生还需要关注自己的思维能力、创新能力和解决问题的能力等方面的提升，这些能力对于未来的学习和工作都非常重要。

综上所述，译林版教材 Project 板块的教学分析之学生分析清晰地表明，该部分的学习能够极大地激发学生的学习兴趣和参与热情，显著提升学生的语言综合运用能力、合作与沟通能力以及批判性思维能力。然而，学生在具体的实施过程中也可能会面临一些挑战，这就需要教师和同伴给予充分的支持与有效的帮助。通过科学合理的指导和全面客观的评价，学生能够顺利且出色地完成项目，并取得令人满意的学习成果。

第三节　文本解读分类

　　《高中英语课程标准（2017年版2020年修订）》强调英语教学应注重发展学生的语言能力、文化意识和思维品质，Project 作为译林版教材中单元教学最后一个板块，是实现这一目标的重要途径，从形式到内容都完整地体现了英语新课程标准的理念。它基于项目化学习（Project-Based Learning，PBL）的理念，旨在通过一系列实践活动、项目设计、调查研究、口头表达及书面表达等活动，突出语言运用的综合性、实践性、灵活性，重在培养学生用英语解决问题的能力以及学生开放性思维、合作精神和创新意识。英语新课程标准提倡学生在课堂上要进行"自主学习、探究学习、合作学习"，Project 板块作为综合实践性和开放性学习活动，将学习与实践充分结合起来，是充分落实英语新课程标准和英语学科核心素养的有效途径。

一、文本作用

译林版教材中的 Project 板块在整个单元教学中发挥着重要作用。

（一）促进综合语言运用能力的提升

　Project 板块作为综合性的语言实践项目，发挥着关键的引领作用，主要引导学生全面且综合地运用前几个单元所积累的语言知识和语言技能，积极开展多种多样的语言实践活动。这种极具综合性的学习模式，为学生搭建了一座连接理论与实际的桥梁，有助于学生在切实的情境中运用英语展开思考、进行调查、展开讨论、实施交流以及开展合作，进而推动综合语言运用能力的发展。

通过 Project 板块的学习，学生不但能够实现对语言知识的巩固与深化，进一步拓展知识的范畴，而且能够将语言技能从抽象的理论层面切实地提升至实际应用的高度。同时，这种综合性的实践活动促使学生将听、说、读、写等各项语言技能有机融合，不再是孤立地锻炼某一项特定技能，而是在一个完整且连贯的任务中实现各项技能的协同运用。这有助于培养学生灵活应对各种实际语言需求的能力，使语言学习变得更加生动且富有实效。

（二）培养自主学习和探究学习的能力

Project 板块显著地强调了学生的自主性和探究性，大力鼓励学生自主选择感兴趣的课题，精心策划详细的实施计划，广泛收集相关资料信息，深入剖析复杂的问题，并创造性地探寻解决问题的途径。这种学习方式宛如一把开启智慧之门的钥匙，有效培养了学生自主学习和探究学习的能力，促使他们在学习过程中展现出更为主动和积极的态度。

通过参与 Project 板块的学习，学生逐渐掌握如何独立地进行思考，摆脱对教师和教材的过度依赖，形成独立且独到的见解。他们学会了运用有效的策略来规划学习进程，合理分配时间和精力，高效整合和利用各种学习资源，从而显著提升学习的效率和质量。同时，在与同伴合作的过程中，学生学会倾听他人的观点，学会分工协作，共同为实现项目目标而努力。

（三）增强跨文化意识和拓宽国际视野

Project 板块在选材方面独具慧眼，涵盖了涉及跨文化交流和国际视野的丰富内容，如当代社会的多元发展趋势、自然界的未解之谜、环境保护的全球性挑战、人际关系的复杂多样等。这些内容仿佛为学生开启了一扇扇洞悉世界的窗口，有助于学生在学习英语的过程中，深入了解并真切感受不同文化的独特魅力和显著差异，从而增强跨文化意识和拓宽国际视野。

通过 Project 板块的学习，学生能够以更为开放和包容的心态来审视这个世界，摒弃狭隘的地域观念和片面的文化偏见。他们学会理解和尊重来自不同国家和民族的文化传统、价值观念以及生活方式，学会从多元且多维的角度思考问题，进而培养全球意识和提升国际竞争力。

（四）促进学科核心素养的融合发展

Project 板块的教学设计立意高远，尤为注重学科核心素养的融合发展，将语言能力、文化意识、思维品质和学习能力等多个关键方面巧妙地整合为一个有机的整体。通过参与 Project 板块的学习，学生能够在充满挑战和机遇的语言实践中持续锤炼和优化语言能力，同时不断加深对文化的理解、认同和尊重。

在探究和解决错综复杂的问题过程中，学生需要运用批判性思维对海量信息进行甄别和筛选，运用创造性思维提出富有前瞻性和创新性的观点及解决方案，从而有效地培养敏锐且深刻的思维品质。在合作和交流的环节中，学生需要学会耐心倾听他人的意见和建议，清晰且准确地表达自己的观点和想法，巧妙地协调团队成员之间的关系，进而显著提升团队协作和沟通的能力。

这些核心素养的融合发展对于学生的全面成长和综合发展具有不可估

量的重要意义，使他们成长为具备全面素质和创新精神的新时代人才，从而能够更好地适应社会发展的需求和应对未来的挑战

（五）丰富教学资源和学习方式

Project 板块为教师和学生精心准备了丰富多样的教学资源和灵活多变的学习方式。教材中包含了题材广泛、内容丰富的阅读材料，形式多样、富有创意的实践活动等，这些资源犹如一座座知识的宝库，不仅为教师更高效地开展教学工作提供了强大的支持和有力的保障，也为学生提供了更为广阔的学习选择空间和宝贵的学习机会。

同时，Project 板块的学习方式灵活多样、充满活力，涵盖了小组讨论时的思维碰撞、合作探究中的携手共进、调查研究中的实践探索等多种形式。这些方式如同一个个充满魔力的钥匙，成功激发了学生的学习兴趣和积极性，显著提高了学习的效果和质量。

译林版教材中的 Project 板块在整个单元教学中具有多重显著且不可替代的作用，不仅有力地促进了学生综合语言运用能力的提升以及自主学习、探究学习能力的培养，还极大地增强了学生的跨文化意识，拓宽了学生的国际视野，有效地推动了学科核心素养的融合发展，并极大地丰富了教学资源和学习方式。因此，教师和学生应当充分重视 Project 板块的教学和学习，深入挖掘其蕴含的丰富教育价值，以充分发挥其最大的教育效能，为学生的全面发展和未来成长提供更为坚实的支撑和更为广阔的发展空间。

二、文本特点

根据译林版教材 Project 板块语篇特点，本书将10本教材中的40个单元的 Project 板块分为四个类别：语言表达类、情景活动类、创作设计类、自

主探究类。在这四个类别中，再围绕人与自然、人与社会、人与自我三大主题语境进行子分类。

（一）语言表达类（6个单元）

1.人与社会

必修二Unit1 Dubbing a film scene、选必一 Unit4 Give a poetry recital、选必二Unit1 Report on a recent event、选必三Unit3 Making a report on a historical event.

2.人与自我

选必一Unit1 Making a dish、选必三Unit1 How to make a travel brochure on a foreign country?

这些单元的 Project 板块借助film、events、poetry、video、talk show等多种载体，在各种语境中，不仅关注学生的语言准确性，还注重学生语言的流利性、得体性和创造性。通过学习，学生不仅丰富了英语语言知识的储备，也对相关的语言知识进行了适当的拓展和延伸。通过自主学习和合作探究的方式，引导学生学习语言、体验语言，从而逐步充实话题、输出语言，帮助学生更好地理解文本和表达自我、展示自我，从而培养学生的语言能力、表达能力和学习能力。

（二）情景活动类（4个单元）

1.人与社会

必修一Unit2 Creating a short play about parent-child relationships、选必四Unit2 Creating a short play about communication、选必四Unit3 Conducting a mock job interview.

2.人与自我

必修三Unit3 Holding a debate about bringing mobile phones to school.

这些单元的 Project 板块创设了a short play、communication、job interview、debate等贴近生活的真实情境和生活场景。在情景活动中学生通过小组合作、角色扮演等，能够获得一些特别的经历和体验感，在轻松愉悦的氛围中学习和使用英语，提高了学习兴趣。通过学习理解、应用实践、迁移创新等一系列语言、思维和文化相结合的活动，引导学生多角度地分析问题、解决问题，形成正确的价值观，提升思维品质，培养文化意识。

（三）创作设计类（24个单元）

1. 人与自然

必修三Unit1 Making a booklet on environmental problems、选必三Unit2 Providing solutions for living beyond the Earth、选必三Unit4 Making a poster on a UNESCO heritage site、选必一 Unit1 Making a dish、选修二Unit2 On a problem in sustainable development.

2. 人与社会

必修一Unit1 Making a booklet about your school、选必二Unit2 Making a fact file about a sportsperson、选修二Unit1 Reporting on a recent event、必修一Unit3 Making a scrapbook about friendship、必修二Unit3 Make PPT slides about a festival、必修二Unit4 Making a poster about a writer、选必一Unit3 Making a poster about a painter、必修三Unit2 Making an information folder about rescue methods、 必修三Unit4 Make a fact file about a scientist、选必二Unit2 Making a fact file about a sportsperson、选必一Unit2 Making a profile of an English song、 选必二Unit4 Desiging a product of the future、选必三Unit1 Making a travel brochure on a foreign country、选修二Unit4 Make a leaflet about a legal case.

3. 人与自我

必修一Unit4 Designing an App about a health lifestyle、选必四Unit1 Making a scrapbook about honesty and responsibility、选必三Unit4 Making a poster on a UNESCO heritage site、选必四Unit4 Making a booklet about lifelong learning、选修三Unit2 Make a leaflet about an innovation.

创作设计类的 Project 板块涵盖多达 24 个单元话题，这些单元的 Project 板块内容极具创造性和实践性。教师通过巧妙的问题驱动方式，以及循序渐进的实践活动，有效地激发了学生的学习兴趣。在 Project 学习的课堂上，学生分工明确。他们热烈地交流，思想激烈碰撞，迸发出无限的思维火花。在这里，学生经历了思考、讨论、动手、合作、体验、探究、分享、展示等一系列过程。学生充分发挥自己的想象力和创造力，进行原创性的设计和创作。他们不再是被动地接受知识，而是主动地去探索和创造。这种学习方式极大地促进了学生自主学习能力、团队协作能力、实践操作能力和创新能力的培养。在合作探究的过程中，学生深刻地体验到语言的意义，切实地实践了语言的功能，并充分地展示了语言能力。这一教学方式真正落实了英语学科的核心素养，让学生不仅在语言知识上有所收获，更在综合能力和素养上得到全面提升。总而言之，这种教学方式为学生提供了一个广阔的发展空间，让他们在积极参与和实践中不断成长，全面发展，为其未来的学习和生活打下坚实的基础。

（四）自主探究类（6个单元）

1.人与自然

选修一Unit2 Make a proposal for agricultural field trip.

2.人与社会

选修一Unit3 Make a leaflet about a futuristic means of transport、选修一

Unit4 Conduct a scientific experiment、选修二Unit3 Make a plan about a charity activity、选修三Unit3 Make a proposal for the school Chinese Cultural Festival.

3.人与自我

必修二Unit2 Doing a survey on students' exercise habits.

这些单元的 Project 板块积极倡导学生以文本内容为基础，通过实地调查、组织实验、开展慈善活动、提出倡议等多样的方式，引导学生借助图书馆、互联网、AI 等资源渠道，以分组的形式进行资料搜集。而后，基于所获取的文章、图片、视频等资料信息，学生需要提出与主题紧密相关的问题，并展开深入的分析与探讨，最终得出具有可行性的建议或者结论。这一过程对培养学生的辩证性思维和批判性思维大有裨益。

在学习过程中，学生的自主探究、反思归纳、总结与反馈至关重要。自主探究能激发学生的主动性和好奇心，让他们积极地去发现问题、解决问题；反思归纳有助于学生总结经验教训，深化对知识的理解和运用；而总结与反馈则能帮助学生及时调整学习策略，不断完善自己的学习方法。这些环节能够有效地培养学生的探究精神和解决问题的能力。

教师在组织学生学习时，应当有敢于放手和善于放手的勇气与智慧，给予学生充足的时间和广阔的空间。教师要避免过度干预和主导，让学生能够真正地成为课堂的主角，充分发挥他们的主观能动性和创造性。只有这样，才能在真正意义上把课堂交还给学生，构建一个以生为本的课堂。在这样的课堂中，学生能够自由地表达观点、展示成果，与同伴交流合作，共同成长进步。教师则更多地扮演引导者和辅助者的角色，为学生提供必要的支持和指导，促进学生的全面发展和自主学习能力的提升。

三、结语

教师在进行 Project 板块教学设计时，一定要将培养学生的思维能力摆在关键位置。应当从众多角度、不同层次对语篇展开深入剖析，紧密围绕大单元的主题目标，并依据学生的真实状况，全面且透彻地解读教材，精心策划形式多样、立意新奇的教学活动。应着重培养学生的参与意识以及合作创新精神，全力促进学生语言能力的发展和思维能力的提升，塑造学生优良的文化意识和思维品质。

在设计过程中，教师需从多个角度、多个层面来分析语篇，不能仅仅着眼于语言知识的传授，更要深度挖掘语篇所蕴藏的文化内涵、思维模式以及价值观念。语篇不仅仅是语言的组合，更是文化和思想的载体。通过深入剖析，学生能够领略到语言背后的文化魅力和思维深度，从而提升其文化素养和思维层次。同时，教师要立足于大单元的主题目标，让 Project 板块的教学与整个单元的教学主旨紧密结合，构建一个有机的整体。每个单元都有其核心的教学主题和目标，Project 板块应成为这一主题的延伸和深化，而非孤立的存在。通过这种紧密的联系，学生能够在一个连贯的知识体系中学习，更好地理解和掌握所学内容。

教师还要充分考量学生的基本情况，包括他们的语言水平、学习风格、兴趣爱好等。只有全面了解学生，才能保证教学设计具有针对性和可行性。不同学生在语言能力上存在差异，有的擅长听说，有的擅长读写；在学习风格上，有的是视觉型学习者，有的是听觉型学习者；在兴趣爱好方面，更是千差万别。因此，教师的教学设计应当因人而异，因材施教，满足不同学生的需求。此外，教师在设计教学活动时，应当追求形式的丰富多样和立意的新颖独特。例如，可以组织小组讨论，让学生在思想的交流中碰撞出智慧的火花；安排角色扮演，使学生身临其境地感受语言的运用和情境的变化；开展实地调研，引导学生将所学知识与现实生活紧密结合。教师通过这些形式多样的活动，激发学生的学习兴趣和主动性，让他们由被动接受知识转变为主动探索知识。同时，教师要特别注重培养学生的参与意识，让他们积极主动地投身于学习之中；鼓励学生在合作中展现创新精神，共同探索解决问题的新途径、新方法。在合作的过程中，学生能够相互学习、相互启发，激发创新的灵感，培养创新的能力。

不仅如此，教师还应当大力推动学生语言能力的发展和思维能力的提升。教师可以通过丰富的语言输入和输出活动，帮助学生积累丰富的词汇，熟练掌握语法规则，全面提高听说读写的能力；同时，引导学生进行思考、分析、推理和评价，培养他们的逻辑思维、批判性思维和创造性思维，让学生学会理性思考，敢于质疑，勇于创新，从而提升他们的思维品质和解决问题的能力。而且，教师需要注重培养学生良好的文化意识，让学生了解不同文化之间的差异和共性，增强文化敏感度和包容性，形成正确的文化价值观。在全球化的时代背景下，学生需要具备跨文化交流的能力和开放包容的心态。同时，教师应高度重视跨学科整合，将英语学科与其他学科有机结合，以培育学生的综合素养。通过跨学科的学习，学生能够打破学科的界限，拓宽视野，提升综合运用知识的能力，培养创新思维和解决复杂问题的能力。

第三章

教学实践与反思

根据上一章内容，本章对译林新教材的 Project 板块进行了实践探索研究，分为四节。译林版教材总共有十本，必修三册、选择性必修四册以及选修三册。根据 Project 板块最终的输出目标，本书将其分为了四大类，具体如下图所示。

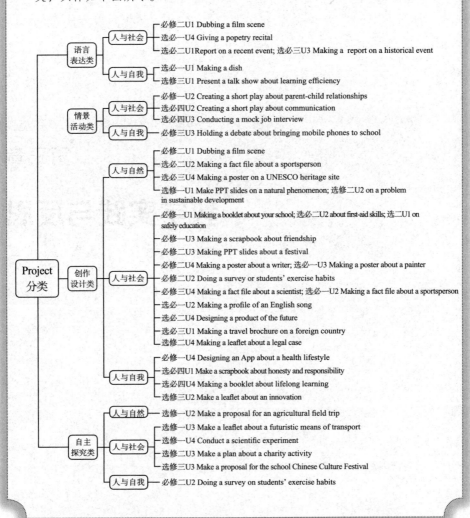

第一节 语言表达类教学案例

语言表达类的教学案例在译林版教材中出现得并不多，但是其重要性不可忽视。在语言表达类教学中，教师要求学生采用口头表达方式在不同语境进行电影配音、诗歌背诵、新闻报道、视频解析、脱口秀等活动，利用真实的或模拟的语言情境，让学生在具体的场景中运用所学语言进行交流，从而增强学生的语言实践能力。此外，借助现代多媒体技术，语言表达类教学形式多样化且有趣，能够帮助学生更好理解和运用语言，提高学习的趣味性。该类教学采用情境化教学以及任务型教学方法，通过小组合作方式，提高学生的核心素养。本书选取了三个极具代表性的案例进行解析，包括电影配音、新闻报道以及脱口秀。

教学案例一：必修二 U1 Project Dubbing a film scene

【教学内容】

本板块围绕单元话题，在学生掌握剧本文体特征，了解影片人物语言、动作是人物性格特征的外在表现后，鼓励学生尝试电影配音。任务活动方面，教师可以在课前播放数段经典电影片段，让学生熟悉并学习电影配音的要点和难点。学生选择一个电影片段，通过小组合作，完成电影配音任务。随后，学生以小组为单位在课堂上进行展示（现场配音或展示录制好的作品）。所有作品都要以组间互评的形式展开评价。

【学情分析】

本课的教学对象是高一学生。他们通过对必修一这一本书的学习，将对教材的构架和板块排布更为熟悉。进入高中后，在教师的帮助下，他们知道英语的词汇量和思维水平都需要提高，但是语言能力、学习能力和思维能力还有很大的提升空间。从心理上，他们的学习积极性高，愿意和期待接受新的知识以及上课模式，但是也需要教师的鼓励和引导，以更自信地表现自己。在Project 板块的学习中，教师应鼓励学生在做中学、学中做。

【教学目标】

By the end of the class， students will be able to：

1. Know the strategies and tips of dubbing；

2. Dub an English film scene in groups；

3. Evaluate and comment on each other's work.

【教学重难点】

How to make a booklet about school life.

【教学方法】

Cooperative Learning（合作学习）.

Activity-based Language Teaching（活动型教学）.

Task-based teaching（任务型教学）.

【教学设计】

Step1　Review

1. What types of movie have you learnt in this unit?

2. What is your opinion of the film?

3. What aspects and jobs of film-making are presented in this unit?

设计意图：通过回顾本单元前面所学的知识，激活学生的已有认知，充分调动学生对话题的兴趣，为接下来的教学活动做好铺垫。

Step2　Be a participant

1. Task one：Watch a video and tell how many steps should we follow to dub a film?（3 P）

Notes：prepare；practice；present

2. Task two：Dub a film scene.

（1）How to prepare for a dubbing work?

（2）How to choose a suitable clip? Read part A on page 13 and tell what you can do and what you can't.

（3）Watch a video and figure out the theme and characters.

① What is the theme of the movie clip?

② How many characters are there and who are they? What are their personalities?

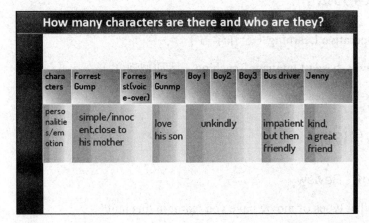

图3-1-1

（4）Watch a video and summarize what dubbing skills you can use.

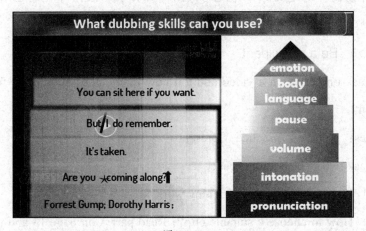

图3-1-2

（5）Practice dubbing the scene with your group member.

3. Task three： Present your dubbing work with your members.

4. Task four ： Watch and evaluate your classmate's dubbing work.

表3-1-1

	pronunciation	intonation	volume	pause	body language	emotion
Your opinion						

设计意图：本环节借助一系列的教学活动，其目的在于助力学生明晰电影片段配音的三个步骤，分别是 prepare，practice，present。在教学过程中，教师引领学生去体悟语言在表达人物思想以及传递情感方面所发挥的关键作用，致力于培养学生掌握及运用语言的能力。同时，教师激励学生在配音时饱含感情地运用语言，而非仅仅进行机械的语言操练。当展示完配音作品后，学生通过评价其他小组的配音成果，能够锻炼独立思考、客观评判他人的意识，进而塑造良好的思维品质。这一过程有助于学生学会以客观的视角去分析和评价他人的表现，培养批判性思维和公正评价的能力。在不断的评价与被评价中，学生能够更深入地理解语言的魅力和配音的技巧，促进自身能力的全面提升。

Step3　Summary

How to dub a film scene?

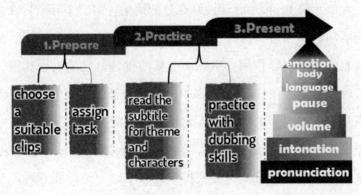

图3-1-3

设计意图：本环节旨在在教师的引导下，鼓励学生对本板块内容进行总结。

Step4　Sublimation

To be an audience，to be a participant and to be an appreciator．

Step5　Homework

1. Required： Choose a suitable film scene and dub the scene in groups，and then present in class.

2. Optional： Record the dubbing work and submit it to Qupeiyin official website to join the dubbing competition.

设计意图：作业布置有两个维度，即必做和选做。学生根据自己的能力水平完成相应的作业，从而进行有效的课后提升。

【教学反思】

本节课的主题为"Dubbing a film scene"，其主线围绕电影片段配音的三个关键步骤，即prepare，practice，present，贯穿了整节课的始终。本节课的第一个环节是对教材单元所学内容进行回顾，以此激活学生已有的知识储备，为单元的 Project 活动做好充分的铺垫。第二个环节旨在鼓励学生积极充当活动的参与者，深入了解电影片段配音的这三个步骤。在prepare步骤中，教师发挥引导作用，引领学生精心挑选适宜的电影片段，并进行合理的组内分工。而在practice步骤中，教师先是引导学生观看电影片段，随后组织学生探讨电影的主题、人物性格特点等方面。同时，教师帮助学生掌握电影配音所需的诸多技巧，涵盖情绪表达、肢体语言、停顿、音量、发音、语调等多个维度，并安排学生以小组为单位展开练习与展示。在学生呈现配音作品之后，教师让学生对其他小组的配音成果进行评价。

这一过程能够锻炼学生独立思考、客观评判他人的意识，培养其思维品质。"学会参与、学会倾听、学会欣赏"是本节课期望学生能够习得的重要能力。

本节课的教学设计立足于英语学科的核心素养，致力于发展学生的语言能力、文化意识、思维品质和学习能力。本节课倡导学生在做中学、学中做，是一次试图突破传统教学模式的全新探索。反思整节课，总体上基本达成了预设的目标。然而，存在两个明显的问题。其一，受课型特点的影响，对于电影片段中人物特色以及故事情节所蕴含的情感等方面的挖掘受到了一定程度的制约。其二，由于时间有限，并非所有小组都能在本节课上进行成果呈现。此外，学生的操练力度也尚显不足，还需要进一步地精心打磨和强化。例如，可以在今后的教学设计中，更加合理地安排时间，为学生提供更多的展示机会，同时增加练习的时间和强度，以确保学生能够更加熟练地掌握电影配音的技巧和要领。

教学案例二：选必二 U1 Project Reporting on a recent event

【教学内容】

本板块要求学生围绕单元话题，基于在前面板块中所学的语言和文化知识，通过小组合作等方式，讨论并选定某一领域最近发生的新闻事件，在调查研究之后，完成一篇新闻报道。教师可以选择有报道价值、学生比较熟悉或感兴趣的话题作为例子，向学生展示应该如何撰写新闻报道。学

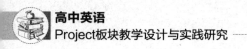
生可以先探讨并确定小组想要报道的事件，并在各类媒体中搜索收集信息或进行实地采访，最后完成报道并在全班展示。

【学情分析】

本堂课的授课对象为高二学生。学生热情活泼，对时事热点新闻充满激情。在语言能力方面，学生已经有了一定的语言积累，但口语表达和写作能力相对较弱，因此在教学上，更多需要梯度式的引导，循序渐进。在接触新闻类语篇时，学生对于新闻的基本框架已有一定程度的了解，但在综合概括新闻特点和进行新闻写作时还存在困难，需要教师分解写作过程，设计系列活动进行铺垫，同时鼓励学生小组合作，最后输出语篇。对于学生思维品质方面，现在有部分学生有畏难和意志力较薄弱的情况，因此教师可以联系教学活动，帮助学生树立不畏艰辛、努力奋斗的精神。

【教学目标】

By the end of the class, students will be able to：

1. Research an event in a chosen area through cooperation and exploration；

2. Use group work to write and present the news report；

3. Evaluate and comment on each other's work.

【教学重难点】

How to write and present a news report.

【教学方法】

Cooperative Learning（合作学习）.

Activity-based Language Teaching（活动型教学）.

Task-based teaching（任务型教学）.

【教学设计】

Step1　Lead in

Show a video clip of TV news related to fighting floods and ask students several questions about what, who, when, where, why and how.

设计意图：通过"高中学生在养老院做志愿者"的新闻视频向学生抛出问题，激发学生思考及对本堂课的兴趣，让学生带着问题进入本课内容。

Step2　Learn and explore

1. Have students review what they have learned about news reports and answer the following questions.

（1）What is the structure of a news report?

（2）What would be your priority in your news report?　Why?

（3）How would you present the information in terms of language style?

2. Have students read the news report in part C on page 13 and fill in the following table.

表3-1-2

News report	
News report	
The lead	
Detailed information about the event	
Background or supporting information	

3. What are the features of the headline of a news report?

（1）Brief, attractive and vivid, including the key information.

（2）Some words are left out to save space, including articles_____,
conjunction_____and the verb _____.

（3）_____ tense for past events.

4. What are the key elements of the lead in this news report?

5. Please read the body part of this news report and find out what kinds of
activities the volunteers organized for the old.

6. In the tail part, how did the author introduce participants' feelings and
the impact of this event?

设计意图：本环节通过教材中的新闻范例，引导学生总结出新闻报道
几个部分的特征，运用贴合学生实际生活的情境设计问题，有助于学生联
系实际，内化知识，为后面的教学活动奠定基础。

Step3 Discuss and practice

1. Have students discuss and choose the area and event they are interested
in, and answer the following questions.

（1）Which area and event would your group like to research?

（2）Why do you want to research this event?

2. Have students work in groups, allocate their tasks and discuss the chosen
event.

3. Have students put together their information to write the news report.
Remind them to read the tip of "Including quotes in a news report" on page 13.

设计意图：本环节通过引导学生谈论自己感兴趣的领域和事件，激发
他们的实践欲望，鼓励学生进行小组合作，讨论、调研事件，并分工合作

完成新闻报道的撰写。

Step4　Present and evaluate

Ask students to present their news report in front of the class and the teacher and other groups will make some comments and assessment.

表3-1-3

Criteria	Evaluation Standard	Levels
Structure & Content	cover all the main ideas	☆ ☆ ☆ ☆
Cohesion	well-connected	☆ ☆ ☆
Language	accurate, rich in sentence patterns	☆ ☆
Handwriting	tidy, beautiful	☆ ☆
Broadcasting	loudly, fluently, confident	☆ ☆ ☆

设计意图：本环节用投屏的形式让学生在全班同学面前读出自己所写的新闻报道。通过分享、展评、互评、推优等活动，可以培养学生的合作学习能力、团队精神。提供评分标准，让更多学生参与课堂评价和诊断，运用多元化评价手段，使评价更直观高效，促进学生的学习积极性和反思性学习。

Step5　Thinking and homework

1. Critical thinking. Have students to think about a question "Do you think we should totally accept the information that we have received when reading a news report？"

2. Homework. Reflect on their news report and polish it based on other groups' suggestions after class. Finish one of the following news reports.

2020年山东卷（2020年新高考一卷）	2023年1月浙江卷
假定你是李华，上周日你校举办了5千米越野赛跑活动。请你为校英文报写一篇报道，内容包括： 1.参加人员； 2.跑步路线：从校门口到南山脚下； 3.活动反响。 注意： 1.写作词数应为80左右； 2.请按如下格式在答题卡的相应位置作答。	上周末你参加了校学生会组织的"认识我们身边的植物"活动。请为校英文报写篇报道，内容包括： 1.活动的过程； 2.收获与感想。 注意： 1.写作词数应为80左右； 2.请按如下格式在答题纸上的相应位置作答。
A Cross-Country Running Race	Getting to Know the Plants Around Us

    设计意图：本环节通过向学生提出一个具有思辨性的问题来培育学生的批判性思维与辩证能力，最终切实达成学科育人的目标。在作业布置方面，设置了两个维度，即必做和选做。必做作业期望学生能够汲取其他同学提出的良好建议，对自己的写作进行改进和完善。选做作业则是巩固课堂所学知识，并且与高考相链接，让学生自主选择完成一篇高考真题中的新闻报道，以此检测学生对于新闻报道的基本结构的掌握程度以及语言表达能力。通过这样的作业安排，既能促使学生反思自身的不足，又能让他们在实践中深化对课堂知识的理解和运用，为应对高考做好充分准备。

【教学反思】

本节课主题为"Reporting on a recent event"，主线围绕引领学生撰写一篇新闻报道。本节课中，教师首先通过播放新闻报道类的视频来激活学生已有的知识，为单元的 Project 活动奠定基础。随后，教师引领学生学习新闻报道的文本，使学生掌握新闻报道的结构、语言特点等关键要素。接着，教师鼓励学生谈论自己感兴趣的领域和事件，并开展组内合作，收集与事件相关的信息并加以整理，进而撰写新闻报道。最后，学生在全班范围内展示自己撰写的新闻报道，全班同学则对所有展示学生的作品进行点评，提出具体的修改建议。在评价其他同学作品的过程中，学生能够逐渐形成独立思考、客观评价他人作品的意识和能力。教师应采用多元的评价方式，从不同的角度去发掘个体或小组的闪光点，对处于不同层次的学生给予恰如其分的肯定，以此激发学生的学习积极性。同时，教师还通过收集学生在课堂内外的精彩瞬间，以过程性评价的方式来记录学生的学习进程。

本节课的教学设计是以英语学科核心素养为依据，鼓励学生在实践中学习，在学习中实践。反思整节课，总体上基本达成了预设的目标。然而，仍存在两个需要改进的问题。其一，课程的导入环节和结尾部分尚未形成有效的闭环，在逻辑衔接和内容呼应上存在不足，需要进一步优化。例如，导入部分激发的兴趣点在结尾处没有得到有效的回应和深化，导致课程的整体感不够强。其二，由于时间限制，对于批判性思考的问题讲解不够深入。在今后的教学中，应当增加素材资源，充分进行佐证和拓展，引导学生进行更深入的思考和讨论，从而有效提高学生的思辨能力。比如，可以提供更多具有争议性或多视角的新闻案例，让学生从不同角度分析和评价，培养他们全面、客观、深入看待问题的能力。

教学案例三：选修三 U1 Project Presenting a talk show about learning efficiency

【教学内容】

本板块紧密围绕单元话题，向学生提出明确要求，即结合本单元所学的语言知识和文化知识，以小组为单位携手合作，共同完成一场访谈节目。教师首先引领学生针对提高学习效率的小策略展开集体讨论。在热烈的讨论氛围中，每个学生都能各抒己见，分享自己的见解和经验。在此基础之上，各小组确定本组感兴趣的学习策略，并围绕该策略的概念、重要性以及针对的群体等多个方面广泛搜集相关素材。这一过程不仅锻炼了学生的信息搜索能力，也培养了他们对知识的筛选和整理能力。在精心准备访谈节目的过程中，学生可以参照课本中提供的范例，对所获取的丰富信息进行合理且有序的梳理与整合。随后，小组成员共同商定脚本，细致地分配角色，并反复进行口头操练。这一系列的活动不仅增强了学生之间的团队协作精神，也让他们在实践中不断提高语言表达的准确性和流畅性。接下来是学生当堂展示访谈内容的环节。各个小组依次上台，自信地展示他们的成果，将精心准备的访谈节目呈现给全班同学。最后，全班同学对各组的展示进行简要点评。在点评过程中，学生学会欣赏他人的优点，也能发现其不足之处，并提出中肯的改进建议。通过这样的合作学习和探究学习方式，学生得以加深对学习策略的理解，将相关知识真正内化为自身的能力，从而有效地提升英语学科核心素养。他们在交流中不断进步，在合作中共同成长，为未来的学习和发展奠定坚实基础。

【学情分析】

本课的教学对象是高三学生。他们在经历了两年多的高中学习后，已经适应了高中学习的节奏，积累了一定的语言知识。多数学生熟悉教师的教学方法，在课上有意愿去表达自己的观点和见解，并配合教师参与课堂活动。但是学生在流利表达自己想法方面还有不足。

【教学目标】

By the end of the class, students will be able to：

1. Gather and sort information about tips on learning efficiency；

2. Present the outcome of group work；

3. Evaluate and comment on each other's performance；

4. Develop competence in self-management.

【教学重难点】

How to write and present a talk show properly.

【教学方法】

Cooperative Learning（合作学习）.

Activity-based Language Teaching（活动型教学）.

Task-based teaching（任务型教学）.

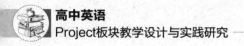

【教学设计】

Step1 Lead in

Have students reflect on their learning efficiency and discuss the following questions. Do you have good learning efficiency? Why or why not?

设计意图：本环节通过提出与学生密切相关的问题，引导学生思考，调动学生的兴趣，激活学生的一些已知信息，为接下来的教学活动做好铺垫。

Step2 Prepare and explore

1. The teacher provides different tips for improving learning efficiency and have students to answer some questions.

> using a mind map;　　　　　reflecting on what you have learnt
>
> forming a study group;　　　making a revision plan
>
> taking notes;　　　　　　　understanding your learning style

（1）Which tip is useful for you and why?

（2）Which tip have you not tried yet and why? What do you want to know more about it?

2. Have students choose one tip to research through group discussion and search for detailed information about their chosen tip with the help of the questions in part B on page 13.

（1） What is the tip?

（2） Why is it important?

（3） How can we use it?

设计意图： 本环节通过让学生谈论书中提供的技巧的好处、如何使用等信息，延伸学生的思维广度。然后让学生根据小组选定的学习策略自主搜寻相关资源，对所获信息进行筛选、分类和重组，为不断扩展话题知识和创建信息框架奠定基础，加深学生的思维深度。

Step3　Learn and practice

1. Have students read the sample in part C on page 13 and discuss the following questions.

（1） How does the host start the talk show?

（2） How does the host interact with the students?

（3） How do the students convey their ideas?

2. Have students organize the information they have collected， write the script and allocate their roles in the talk show.

3. Have students prepare and rehearse for the talk show.

设计意图： 本环节让学生学习英语脱口秀范例文稿，对文稿的结构、内容排布和语言特色有一定的了解，对选取的材料内容进行批判性思考和创造性运用，富有逻辑地完成自己的文稿撰写，并进行操练。

Step4　Perform and evaluate

1. Have students present their talk show to the whole class. At the end of each presentation， other groups ask questions about it.

2. Have students evaluate the talk show and make comments.

表3-1-4

Criteria	Evaluation standard	Levels
Structure	Logical and clear	
Content	Comprehensive and instructive	
Cohesion	Well-connected	
Presentation	Confident, loudly and fluently	

3. Have the whole class vote on the best presented talk show.

设计意图：本环节通过让学生上台完成英语脱口秀表达任务，培养其独立思考、客观评判的思维品质。在完成任务的过程中，学生可以培养综合运用语言的能力、合作学习的能力以及批判性和创造性思维。

Step5　Thinking and homework

1. Teacher ask students："What is the key to improve one's learning efficiency? What else do we need to improve learning efficiency in addition to good methods?"

2. Have students polish their script of talk show and present it on our website.

设计意图：本环节中教师围绕提高学习效率再次提问，引发学生进一步思考学习除了需要好的方法，还涉及更多方面。课后教师鼓励学生再次打磨英语脱口秀文稿，将优秀作品呈现在校园网站上。

【教学反思】

本节课的主题为"Presenting a talk show about learning efficiency"，主线围绕如何创作并呈现一场访谈节目展开，贯穿了整节课的始终。整个板块要求学生以小组为单位，通过合作学习与探究学习的方式来完成相应的学习任务。本节课的第一个环节，首先引导学生谈论各自的学习经历，彼此分享良好的学习方法；接着，学生探讨书中所提供的学习方法的优点和详细内容，并以小组为单位自主搜寻相关的资源。在这个过程中，学生不仅能够回顾和总结自己的学习经验，还能从书中获得新的启示，并通过自主搜索进一步拓展知识的边界。第二个环节，通过对英语脱口秀范例文稿的学习，教师鼓励学生积极充当活动的参与者，深入了解英语脱口秀文稿的特点；同时，引导学生对选取的材料内容进行批判性思考和创造性运用，小组合作完成属于自己小组的英语脱口秀文稿创作。在整个任务推进的过程中，学生积极开动脑筋，开展小组合作，实现了思维和语言的激烈碰撞。他们在交流中互相启发，在合作中共同进步，不断完善和优化文稿的内容和形式。第三个环节，学生有条不紊地完成英语脱口秀的表达任务，充分展示小组的魅力，有效提升了自身的能力，并对其他组的作品给出评价，从而培养独立思考、客观评判的思维品质。在这个环节中，学生不仅展示了自己的学习成果，还学会了欣赏他人的作品，并能从他人的表现中吸取经验和教训。

在本板块的教学中，学生通过小组合作，依次进行范例学习、文稿编写、练习磨合、展示呈现、评价反馈等一系列活动。这种教学活动的各个环节都能够以学生为中心，最大限度地调动学生学习的积极性与主动性。课程所涉及的话题紧密联系学生的生活和学习实际，在很大程度上激发了学生继续探究的浓厚兴趣，同时能够延伸学生的思维广度，加深他们的思维深度，使他们在学习过程中不仅能够获取知识，还能提升能力和素养。

本节课的教学设计致力于鼓励学生在做中学、学中做，力求发展学生的语言能力、文化意识、思维品质和学习能力。反思整节课，学生积极踊跃地参与课堂，在教师的引领下充分表达自己的想法，总体上基本达成了预设的目标。然而，仍存在一些需要改进的地方。一方面，教师对于各个环节之间的过渡处理还需要斟酌和考量，使其更加流畅自然，避免出现生硬和突兀的情况。另一方面，问题的设计和引导也应当具有更为鲜明的针对性，更精准地切中要害，以便更有效地调动学生的思维，激发学生的思考和探索欲望，提高课堂教学的效果和质量。

第二节　情景活动类教学案例

　　情景活动类教学案例在译林版教材中只有三个案例：英语短剧表演、模拟找工作面试、进行辩论赛，旨在让学生在参与活动的过程中学习和运用英语，激发学生的学习兴趣，提高他们的语言运用能力。通过小组合作探究，学生可以锻炼自己的思维能力、创新能力、合作能力等。本书选取了其中两个案例进行解析，包括一个关于亲子关系的短剧表演以及一场关于手机的辩论赛。

教学案例一：必修一U2 Project Creating a short play about parent-child relationships

【教学内容】

　　本板块要求学生围绕 "parent-child relationships" 这一主题创作一部短剧，表现出青少年与父母相处过程中的喜怒哀乐。学生通过观看《李尔王》戏剧片段，梳理整合剧本信息，参照范例完成本小组的短剧创作。教师应提醒学生，创作过程中要关注戏剧的若干表演要素，如台词、表情、动作等，力争能够演绎得淋漓尽致。教师应鼓励学生适当发挥，并在班级进行表演。各小组需要对本组和他组的戏剧表演做简要评价。

【学情分析】

本课的教学对象是高一学生。他们刚进入高一，对学习和生活充满了好奇心，学习积极性很高，愿意和期待接受新的知识以及上课模式，但还没有完全适应高中的学习。由于他们目前的词汇量较少，思维能力较薄弱，他们面对难点时容易出现畏难情绪，需要教师的引领和同伴的鼓舞。本单元主题是"Let's talk teens"，紧贴学生的实际生活，学生会有浓厚的兴趣，Project板块的戏剧表演能让学生体会到英语学习的快乐并在实践中提升英语核心素养。

【教学目标】

By the end of the class, students will be able to:

1. Make a short play about parent-child relationships through cooperation and exploration;

2. Write and perform the play properly;

3. Evaluate and comment on each other's work.

【教学重难点】

How to write a play and act it out properly.

【教学方法】

Cooperative Learning（合作学习）.

Activity-based Language Teaching（活动型教学）.

Task-based teaching（任务型教学）.

【教学设计】

Step1　Review

1.Students review the words and expressions in this unit based on a mind map with the theme of "parent-child relationships".

friends；goals/dreams；hobbies；housework；personal habits；pocket money；schoolwork ...

2.What topic will you be interested in if you are required to create a related play?

设计意图：本环节通过回顾本单元前面所学的语句，激活学生对于亲子关系的一些已知信息，调动学生的兴趣，为接下来的教学活动做好铺垫。

Step2　Watch and create

1.Students watch a video and finish the form.

表3-2-1

Elements of a play	The play you watch
Setting	
Characters	
Plot	
Theme	

2.The teacher poses a question "Have you ever created a short play?" and asks students to work in groups to finish the following form.

表3-2-2

Your chosen topic	
Elements of a play	Your own play
Setting	
Characters	
Plot	
Theme	

设计意图：本环节通过观看英语短剧范例视频、填写表格，让学生对短剧中各要素有一定的理解，如背景、人物、情节和主题等，并将知识迁移至学生小组即将创建的英语短句中，从而对接下来要创作的英语短剧的主线有一定把握，并能感受到短剧表演中语言、音调、肢体语言等表现的作用。

Step3   Learn and create

1.Have students appreciate the sample in part C and ask questions to help students have a better understanding.

（1）What's the attitude of Eve towards her father?

（2）What do you think causes the problem?

（3）What elements are required according to the sample play?

2.Have students make a short play about parent-child relationships.

设计意图：本环节通过学习英语短剧范例文稿，让学生能够对范例中人物特点和故事有更深刻的认识。此外，本环节通过研读范例文稿的格式，让学生了解在创作自己的短剧文稿时，需要有必备的人物对话、舞台指令语等信息。

Step4　Perform and evaluate

1.The teacher introduces tips on performing a play：① learn how to say your lines：try speaking in different ways，e.g. softly，angrily，to see which way works best；② perform with confidence and make sure that you can be heard clearly；③ use body language to show your feelings.

2.Have students perform the short play in front of the class.

3.Have students evaluate the work of this Project . Have the whole class vote on which short play is the best.

设计意图：本环节通过让学生上台表演英语短剧，给学生带来身临其境、恰如其分的思想碰撞和情感交流，不仅延伸了学生英语学习的时间和空间，也在很大程度上激发了学生继续探究的兴趣。同时，学生在评价他组过程中可以锻炼独立思考、客观评判他人的意识和思维品质，促进师生、生生的交流。

Step5　Thinking and homework

1.Teacher ask students："What do you think is important for a healthy parent-child relationship?"

2.Have students polish their short plays and present it on our website.

设计意图：本环节中教师围绕良好亲子关系再次提问，引发学生进一步思考如何塑造良好的亲子关系，鼓励学生将课堂学习与实际生活相联系。课后教师鼓励学生再次打磨英语短剧文稿，将优秀作品呈现在校园网站上。

【教学反思】

本节课的主题为"Creating a short play about parent-child relationships"，如何创作并表演英语短剧的主线贯穿了整节课。

本节课的第一个环节是回顾单元相关话题，旨在激活学生对于亲子关系的一些已知信息，从而为单元的 Project 实践活动做好充分铺垫。通过对这些话题的回顾，能够唤醒学生已有的知识和经验，让他们在后续的实践活动中有更多的素材和灵感。第二个环节运用了多模态英语学习方法，借助视频观看和英语短剧文稿学习，鼓励学生积极充当活动的参与者，深入了解英语短剧创作和表演的重要因素。在英语短剧视频观看过程中，教师要求学生把握短剧的背景、人物、情节和主题等关键方面，并感知表演短剧的一系列技巧，如情绪表达、肢体语言、停顿、音量、发音、语调等。观看视频能够让学生直观地感受到短剧表演的魅力，为他们自己的创作和表演提供生动的范例。而在学习英语短剧范例文稿时，教师鼓励学生钻研英语短剧创作中文稿撰写必须涵盖的内容，以确保文稿内容的精确性和完整性。在评价其他小组作品的过程中，学生独立思考、客观评判他人的意识和思维品质得到了提升。评价他人的作品不仅能够让学生学会欣赏他人的优点，还能够帮助他们发现自己的不足之处，从而不断改进和提高。

在本板块教学中，学生通过小组合作，依次进行范例学习、剧本编写、排练磨合、表演展示、评价反馈。该教学中的各个环节都以学生为中心，充分调动学生学习的积极性与主动性。英语短剧表演促进学生进行思想碰撞和情感交流。它不仅延伸了学生英语学习的时间和空间，让学生在课堂之外也能够继续思考和练习短剧创作与表演，而且在很大程度上激发了学生继续探究的兴趣，使他们愿意更加深入地探索英语学习和短剧创作的领域。

　　本节课的教学设计鼓励学生在做中学、学中做，力求发展学生的语言能力、文化意识、思维品质和学习能力。反思整节课，总体上基本达成了预设目标，然而，也存在一些不足之处。由于时间限制，并非所有小组都能在本节课上展示他们的作品，这在一定程度上影响了部分学生的积极性。此外，学生操练的力度还不够，在剧本编写、表演技巧等方面还需要进一步加强和打磨。在今后的教学中，需要更加合理地安排时间，为学生提供更多的展示机会，同时加大操练的强度和深度，以帮助学生更好地掌握英语短剧创作和表演的技能，提升他们的综合素养。

教学案例二：必修三 U3 Project Holding a debate about bringing mobile phones to school

【教学内容】

　　本板块要求学生围绕 "Holding a debate about bringing mobile phones to school" 这一话题展开一场辩论。首先，学生应根据此主题，以小组为单位选择支持正方或是反方观点。然后，各小组根据所选择的观点去做研究，搜集支撑他们观点的论据。接下来，每小组进行组内角色分工，分别为一辩（Lead speaker）、二辩（Second speaker）、三辩（Third speaker）、四辩（Summary speaker），每个角色都要明确自己的任务。有理有据的辩论离不开语言的支撑，每个辩手都必须熟悉相关句型，以便展开有效辩论。

最后，正反方上台，针对话题进行辩论。在每一场辩论结束后，全班投票评选优胜方。

【学情分析】

本课的教学对象是高一下期的学生。他们在经历了一学期的高中学习后，已经慢慢适应了高中学习的节奏，多数学生熟悉教师的教学方法。他们的语言知识和表达能力较初中有所提升，在课上也有意愿去表达自己的观点和见解，并配合教师参与课堂活动。但是学生在如何使用正确的策略和语言来立论和辩驳并如何流畅进行辩论等方面能力有限，而且思维能力也还需要大量训练。

【教学目标】

By the end of the class, students will be able to：

1. Explore the advantages and disadvantages of bringing mobile phones to school；

2. Know the rules of debate and different roles involved in a debate；

3. Have a debate about whether students should be allowed to bring mobile phones to school；

4. Evaluate and comment on each speaker's performance.

【教学重难点】

How to hold a debate about bringing mobile phones to school.

【教学方法】

Cooperative Learning（合作学习）.

Activity-based Language Teaching（活动型教学）.

Task-based teaching（任务型教学）.

【教学设计】

Step1　Lead in

The teacher asks students a question：" Should students be allowed to bring mobile phones to school? Why or why not? "

设计意图：本环节通过提出与学生密切相关的问题，引导学生思考，调动学生的兴趣，为接下来的教学活动做好铺垫。

Step2　Prepare and explore

1. Have students work in groups and choose the "for" or "against" side of the debate about bringing mobile phones to school.

2. Have students work in groups and collect information to support their point of view.

3. Have students brainstorm as a class about the advantages and disadvantages of bringing mobile phones to school by filling in the following table.

表3-2-3

Advantages	Disadvantages
Mobile phones can be used to ● contact their parents or others，especially in emergencies ...	Mobile phones may ● cause them to check for new messages frequently even during lessons ...

设计意图：本环节让学生通过头脑风暴式的讨论尽可能多地罗列带手机来学校的优缺点，为接下来的辩论赛提供素材。

Step3　Learn and practice

1.The teacher plays a video from Oxford Union Society debate for making students feel the situation of debate activities. At the same time，the teacher can lead students to focus on their speeches，body language，contents，dress，place，manner and so on. Then the teacher tells the requirement of good debate. Then，the teacher explains different speakers（what they do，tips）for understanding the positions in debate.

- Lead speaker
  Introduce the topic and put forward arguments

- Third speaker
  Argue against previous opposition speakers and build on key arguments

- Second speaker
  Argue against the previous opposition speaker and introduce new arguments

- Summary speaker
  Summarize key arguments and conclude the debate

图3-2-1

2.Have students practise using the expressions for introducing arguments and arguing against previous opposition speakers.

表3-2-4

Introducing arguments	Arguing against previous opposition speaker
My first/second/next argument is ... There are many examples for this/for ... For instance, ... In fact, you can find many examples for this in real life. Just think of ... There are similar cases, such as ...	But before I come to my own arguments, let's first have a look at what ... has said. The first opposition speaker has told us ...; on the contrary ... He/She also said that ...; but in fact ... He/She was claiming that ...; but as my lead speaker already told you, ...

3.Have students go through Part C and practise using the expressions for introducing arguments and arguing against previous opposition speakers.

设计意图：本环节通过播放视频让学生熟悉辩论情景，激活学生关于辩论的知识储备，让学生知晓辩论的基本形式和流程。通过讲解辩论的语言表达，搭建语言支架，帮助学生解决开口难的问题，提高学生语言能力和学习能力。

Step4　Debate and evaluate

1.Have one group from the "for" side and another group from the "against" side come forward and debate on whether students should be allowed to bring mobile phones to school.

2.Other students give scores according to a scoring table and they can also make some comments and give some suggestions.

Please circle the number before each item according to the frequency to vote on which side supported their argument the best.

表3-2-5

Name: _____		Mark: ____
assessment（rating scale for debate）	items	always-4，usually-3，seldom-2，never-1
Physical Expression	A. Stands straight and faces the audience.	4　3　2　1
	B. Changes facial expression with changes in tone of the presentation.	4　3　2　1
	C. Maintains eye contact with the audience.	4　3　2　1
Vocal Expression	D. Speaks in a steady clear voice.	4　3　2　1
	E. Varies tone to emphasize points.	4　3　2　1
	F. Speaks loudly enough to be heard by the audience.	4　3　2　1
	G. Paces words in an even flow.	4　3　2　1
	H. Enunciates each word.	4　3　2　1
Verbal Expression	I. Chooses precise words that convey meaning.	4　3　2　1
	J. Avoids unnecessary repetition.	4　3　2　1
	K. States sentences with complete thoughts or ideas, which is reasonable, logical, and convincing.	4　3　2　1
	L. Summarizes main points at conclusion.	4　3　2　1
	M. Draws the attention of the audience.	4　3　2　1

3.Have more groups from both sides come to have the debate.

设计意图：在辩论展示环节，学生将相互合作，整合性地运用所学语言知识和辩论知识，创造性地表达观点，提供强有力的论据，完成辩论。通过本环节，学生可以锻炼胆量，提升表现力，增强自信心。通过对他组的过程性评价，学生提高了对辩论比赛的鉴赏能力和分析评价能力，以及口语表达能力同时发现自身不足。

Step5　Thinking and homework

1.Teacher ask students：　"What kind of attitude should we take towards new technology including smartphones？"

2.Have students finish the following writing practice.

假如你是李华，在今天的英语课上你班就"Should students be allowed to bring smartphones to school？"这一话题展开了激烈的辩论，请写一篇演讲稿阐述你自己的观点和理由。字数80左右。

设计意图：本环节再次提问，引发学生进一步思考对待手机等科技的态度。课后作业是让学生就话题内容进行写作，以期学生能够整合并创新应用本节课和本单元所学知识。

【教学反思】

本节课主题为"Holding a debate about bringing mobile phones to school"，学生围绕这一话题展开一场英语辩论。整节课教师引导学生做好辩论所需的知识储备和语言储备，并熟悉辩论的流程。教师首先让全班学生讨论带手机上学的利弊，收集素材。为使辩论顺利进行，各小组首先必须明确项目任务，互相讨论以确定本组的观点，并且明确组内每个成员的分工；再通过组内研究、讨论等，收集相关的论据；接下来，学习与辩论相关的句型。在辩论的展示环节，学生将相互合作，整合性地运用所学语言知识和辩论知识，创造性地表达各自小组的观点，并提供强有力的论据，以顺利完成辩论。在此过程中，学生的合作意识、组织能力、思辨能力、语言表达能力都能得到极大的锻炼，同时，学生对他组的评价有利于他们形成独立思考、懂得倾听和欣赏他人的品质。

本节课让学生通过实战真切体会到英语辩论赛的魅力，同时感受到语言的力量。反思整节课，学生能够积极参与课堂，在教师的引领下表达想法，基本达成了预设目标。但是教师需要提高整堂课的衔接和流畅度。教师还应设计更多的问题来检测学生能否掌握辩论主题背后的价值观和矛盾。此外，学生互相间的点评有局限，思维广度和深度都有待提高。

第三节　创作设计类教学案例

设计类教学案例在译林版教材 Project 板块中占据很大比例，形式多样，包括制作小册子、书签、海报、PPT、设计App、未来的科技产品，等等。对于高中生来说，此类活动实操性很强，耗费时间和精力较少，又能培养小组合作探究能力、创作能力以及语言表达能力等。本书选取了五个教学案例进行解析。

教学案例一：必修一 U1 Project making a booklet about your school

【教学内容】

本节课的教学内容是译林版教材必修一Unit one Project making a booklet about your school。该板块要求学生围绕"校园主题"这一主题制作一本小册子，介绍自己所在高中多彩校园生活的某一方面内容，目的是让学生运用本单元所学语言知识和文化知识来讨论校园生活所涉及的方方面面。任务活动首先要求学生以小组为单位，选择感兴趣的某一个话题进行深入探讨；然后要求学生在探讨过程中采用不同的研究策略，如通过采访教师或者访问校园网站等方式获取更全面详尽的信息，并结合研究内容，有针对性地设计采访问题。在制作小册子的过程中，学生要对所获信息和素材进行合理的梳理与整合，并参照范例完成本小组的话题页面，最后展示成果，用英语对其进行介绍。各组的展示须以组间互评的方式在全班范围内进行简要评价。最终，教师可以将各小组的内容页面合并，形成一本以"校园生活"为主题的小册子。该教学摒弃传统的教师教、学生学的教学方法，在课堂上开展大量的"任务型"活动让学生体验语言，从而提升学生综合语言运用能力，并通过活动培养学生自主学习和合作互助的精神，激发学生学习英语的热情。

【学情分析】

本课的教学对象为高一学生。他们刚刚完成从初中英语学习到高中英语学习的转变，这一转变意味着无论是在英语词汇量的储备，还是在思维的深度和广度上，要求都有了显著提高。然而，目前学生的语言能力、学习能力以及思维能力大多仍停留在初中阶段的水平。在心理层面，他们也尚未能够完全适应高中紧张且富有挑战性的学习节奏。不过，值得欣慰的是，学生的学习积极性颇为高涨，充满热情，他们愿意并且期待接收新的知识，对于新颖的上课模式充满向往。与传统的填鸭式教学相比，他们明显更青睐项目式学习，渴望在实践中学习，期待能将所学运用到实践中去。

在上这一节课之前，学生已经对高中的学习生活以及学校的社团活动等方面有所了解，这为本节课的教学奠定了一定的思维基础。而且，学生进入高中学习已经有半个月的时间，在这段时间里，他们对新的学习环境有了初步的感知，也形成了自己独特的想法和见解。这些都为进一步深入学习和探索提供了有利条件，也让教师在教学设计和实施过程中能够更好地把握学生的需求和特点，因材施教，激发学生的学习潜力，帮助他们更快地适应高中英语学习，实现能力的提升和发展。

【教学目标】

By the end of the class，students will be able to：

1. Design a booklet about school life through cooperation and exploration；

2. Present the outcome of group work；

3. Evaluate and comment on each other's work.

【教学重难点】

How to make a booklet about school life.

【教学方法】

Cooperative Learning（合作学习）.

Activity-based Language Teaching（活动型教学）.

Task-based teaching（任务型教学）.

【教学设计】

Step1　Lead in

1.Revision：What does senior high school mean to you?

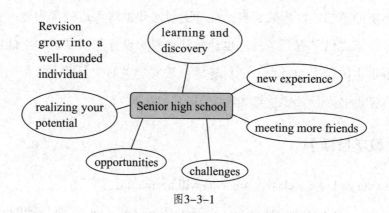

图3-3-1

2.Task：School Open Day is coming near and your group is responsible for making a booklet to introduce Hui Tong No.1 Middle School to the public. Work in groups and make one.

设计意图：本环节通过提问高中生活对学生意味着什么，让学生回忆本单元所学知识导入课堂内容，以复习学习的方式进行，鼓励学生分享自己的想法，提高学生的课堂参与率，让学生有话可说；提高学生学习英语的兴趣，活跃课堂气氛，让学生感受到在快乐中学习，提高课堂效率。教师创设情境，通过学校开放日制作介绍学校的小册子活动引出本节课话题，为本节课学习制作booklet小册子创设语境，为接下来的学习做好铺垫。

Step2　Guidance of making a booklet about your school

1.Discussion：

What is a booklet?

Why do people make booklets?

What does a booklet mainly contain?

What makes a good booklet?

Conclusion：

A booklet is a small thin book that contains information about a particular subject.

2.Example illustration.

Look at the example of a good booklet.

Tips：

Text → concise；informative

Pictures → eye-catching；colorful ；related to the topic

Design → neat；well-organized

设计意图：本环节通过提问让学生思考如何制作小册子。教师展示两份小册子让学生直观感受booklet的定义，使学生明确本小册子到底是什么，小册子包含什么内容，什么样的小册子才是好的小册子。从text，pictures，design三个方面考虑。

3.Booklet making procedures：

How to make a booklet about your school?

（1）Pick a specific topic.

① What aspects of a school can you think of?

图3-3-2

② What do you think of your principal?

respectable, devoted, knowledgeable, modest, responsible, easy-going...

③ Who is your favourite teacher?

④ What do you like about him/her?

（2）Search for information.

① Where can you find the information you need?

· School website

· Interview your teacher

② What kind of questions should you ask when interviewing a teacher?

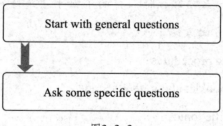

图3-3-3

Examples：

General question：

Can you tell us something about the school principal?

Specific questions：

When and where was he born?

What are his hobbies?

What do you think of our principal?

Group work — An Interview

（3）Take photos or download pictures.

① Why do we need photos and pictures in the booklet?

To make it more vivid and attractive.

② What kind of photos should we take or pictures should we download?

eye-catching and beautiful；related to the topic

③ Organize information and design a booklet.

Look at the example Chinese Calligraphy to get some ideas of how to organize your information.

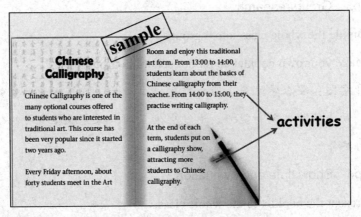

图3-3-4

（what，how，when，where）

（words，sentences，information，structure）

Informative，clear and easy to understand

Thinking：Is there any room for improvement?

设计意图：①选择一个特定的主题。如以介绍一中校长为主题，学生对此话题熟悉，有话可讲。学生可以通过讨论确定本组的探究话题，实现合作学习。②调查探究。学生通过多渠道就本组所选话题进行探究，最主要的是设计现场采访教师的活动，要思考采访的时候如何提问题，要准备什么样的采访问题。这有利于培养学生获取信息的能力、交流能力，从而实现探究学习。③为小册子准备图片。学生需要思考两个问题：为什么需要图片？需要什么样的图片？问题来源于学生，解决于学生，教师在最后进行提炼点拨，充分培养了学生的主动思考能力。④组织信息和设计小册子版式。学生结合书本例子Chinese calligraphy 思考如何组织信息，从内容、语言、结构、图片各个方面学习。学生最后思考：Is there any room for improvement? 从而培养学习能力、批判性思维能力。

Step3　Group research

1. Divide the whole class into 4 groups.

2. Make your own booklet about our school in groups.

设计意图：要求学生分小组合作完成小册子，锻炼提升学生的合作沟通能力、动手能力、创新能力。通过生生互动，探究收集有关的信息，达到知识的整合。

Step4　Show time and evaluation

1. Present the booklet to the whole class.

2. Evaluate and vote on which booklet page is the best.（texts，pictures，design）

设计意图：在展示成果环节，学生用英语对其成果进行介绍，达到知识共享的目的。以小组间互评的方式在全班范围内对各组的展示进行简要评价。从不同角度发现各小组的亮点，从而激发学生的学习积极性并提高他们的学习效率，提高学生的语言表达能力和相互学习能力。

Step5　Summary and emotional sublimation

1.What have you learned in this class?

2.How can we make a booklet in group?

> 1.Pick a specific topic
> 2.Search for the information
> 3.Take photos or download pictures
> 4.Organize information and design your booklet

图3-3-5

Value： Know and love your school better and enjoy your beautiful school life.

设计意图：制作小册子有利于培养学生的思维逻辑能力、创新能力，提高学生的沟通协调合作能力。同时，学生通过这样的活动进行情感升华，更加了解热爱学校，享受丰富多彩的高中生活。

Step6　Homework

1. Read the booklet and appreciate the work of other groups.

2. Reflect on the booklet and think about how you can make the school a better place. Write a letter to your school principal presenting your suggestions.

设计意图：考虑到学生能力不同，分层次布置家庭作业，培养学生不同层次的能力。

【板书设计】

B1U1 Project

Making a booklet about school.　　　　What makes a good booklet?

How to make a booklet?

Step1： pick a specific topic

Step2： search for the information

Step3： organize your information

> Text
>
> Pictures
>
> Design

【教学反思】

一节好课的目的不仅仅是展示教师的风采，而是促进学生真正的发展。本节探究 Project 板块：需要学生小组合作完成一个介绍自己所在高中学校多彩校园生活的某一方面的小册子。我认为，小组合作的前提一是形成相对稳定的互帮群体，有得力的负责人。二是小组成员团结，氛围和谐，有强烈的向上精神。三是有明确的互帮目标和具体的互帮内容。这样才能形成人人参与的团队。本堂课学生需要合作，当然要有一定的规则。它的主要意义体现在两个方面，一是让合作者在行动前审慎思考：我要做什么，我将要做什么，我是否有能力、有兴趣做下去等问题。因此，我在教学过程中就围绕着学生设计小册子进行指导，让学生明白什么是小册子，人们为什么制作小册子，一个好的小册子包含什么内容，如何制作小册子。二是避免合作过程中学生发生不愉快，所谓先议后不乱。我以课本语篇为载体，在理解和表达的语言实践活动中，让学生融合所学的知识和技能，通过获取、分析、思考、总结、评价、创新等思维活动，构建语言学习能力，在分析问题和解决问题的过程中发展思维品质，发展良好的文化品格，塑造正确的学校观，促进英语学科核心素养的形成和发展。这个主题在课堂上从导入到语言输入、语言输出、实践内化创新，一步一步得以层层深化与拓展，深挖校园主题对青少年成长具有的重要意义，在课堂中育人，实践了立德树人的教育理念。

教学案例二：必修二 U4 Project Making a poster about a writer

【教学内容】

本节课的教学内容是译林版教材必修二 Unit 4 Project Making a poster about a writer。该板块围绕单元话题，结合本单元所学的语言知识和文化知识，让学生以小组合作的形式完成一张英语海报，介绍中国知名作家。学生通过读看教材中的海报范本，初步了解和感知海报的文本特征。然后以小组为单位进行jigsaw拼图阅读，小组成员按照各自的任务就某一作家的生平、成就等方面，合作完成海报制作任务。最后，学生以小组为单位展示海报内容，并用英语对其进行介绍。所有作品应以组间互评的形式进行评价。

【学情分析】

首先，学生在本单元的学习中已经了解到了一些英语经典名著，包括《大卫·科波菲尔》《芒果街上的小屋》《老人与海》等，并通过《英语文学：历史及其对英语世界生活的意义》一书的节选学习了优秀文学作品的特点，了解了学习经典名著的意义，体验了其魅力，对于英语文学的阅读培养了兴趣和动力。其次，学生已经进入高一的下学期，对于高中紧张的学习逐渐熟悉，在学习思维和习惯上有了提高，所以更加适合探索性研究。

【教学目标】

By the end of this section, students will be able to:

1. Students are able to summarize the biography of a writer from the four parts through cooperation and jigsaw reading;

2. Use group work to make and present a poster, improve students' creativity and team-working ability;

3. Evaluate and comment on each other's poster;

4. Gain cultural confidence and national pride in the process of making and presenting the poster.

【教学重难点】

1. Figure out what information should be included in a poster about a writer;

2. Make a poster with group members and present it by using phrases and sentences they've learnt in this unit.

【教学方法】

Cooperative Learning（合作学习）.

Activity-based Language Teaching（活动型教学）.

Situational Teaching Method（情景教学）.

Task-based-Teaching（任务型教学）.

【教学设计】

Step1　Lead in

Play a screenshot of we-chat chatting records.

Bob：Hello，I'm interested in Chinese literature and plan to make a poster about a writer. Can you recommend a Chinese writer to me?

T：Sure！And I'll give a lesson on how to make a poster about a writer.

设计意图：创设情境，引出话题：外国友人Bob对中国文学感兴趣，让我们推荐一名中国作家，做成poster。以此引入本课主题。

Step2　How to make a poster？（observing and summarizing）

Activity 1：

Let's see an example from our text book about a foreign writer growing up in China，and think about the following questions：

• What kinds of information are provided?

• How is the information displayed？How many layers are there?

设计意图：以课本上一位在中国长大的外国作家Pearl S. Buck的介绍海报，引发学生的思考：How to make a poster?

Activity 2：Poster skimming

Show students a poster about Pearl S. Buck, and ask them to skim over the poster and find the main parts.

Q：How many parts are included in the poster？What are they?

Pearl S. Buck

（1892-1973）

"All things are possible until they are proved impossible and even the impossible may only be so，as of now."

"Many people lose the small joys in the hope for the big happiness."

Life story

• Lived in Zhenjiang during her early life

• Started writing in 1922

• Taught English literature in Nanjing

• Returned to the USA in 1935

Achievements

• Won the Pulitzer Prize in 1932

• Won the Nobel Prize in Literature in 1938 （the first American woman to win the prize）

Most popular works

• *The Good Earth* （1931）

• *Sons* （1932）

• *A House Divided* （1935）

• *All Men Are Brothers* （1933） （a translation of the Chinese classic novel *Shuihuzhuan*）

Headline：the main and largest text element

Subheading：the main parts of the poster

Details：detailed information in a concise manner

设计意图：呈现Pearl S. Buck的海报，通过标题，学生快速找到海报主要构成部分。锻炼学生的跳读能力，为学生搭建制作海报的框架。

Activity 3：Poster scanning

Scan the poster and find the detailed information together.

Q：How many parts are included in the poster introducing a writer?

What are they?

Famous saying，__________，__________ and __________.

设计意图：学生应用自己的能力归纳概括海报的组成部分；学生能够了解海报的详细构成。

Activity 4：Summary

Make a summary.

设计意图：概括归纳，给学生搭建学习脚手架，为下文阅读、归纳提炼制作海报的关键信息做铺垫。

Step3　Jigsaw reading

Jigsaw reading for four writers and summarize the key information：famous saying，life story，most popular works，achievements.

Life story	Famous works	Achievements:
● place: __________ __________ ● literature related experiences: __________ __________ __________ ● ... __________ __________	● __________ ● __________ ● __________ Famous sayings ● __________ ● __________ ● __________	● awards: __________ __________ __________ ● influence: __________ __________ __________

图3–3–6

设计意图：学生以小组为单位进行jigsaw拼图阅读，首先各组利用翻翻卡来挑选各自需要阅读的文本，同时分配好组内各成员任务，再在文中提取所需关键信息（life story，famous sayings，popular works，achievement）。这样学生可以实现小组内知识共享，提升合作能力。以制作海报为中心，加强学生的学科素养和专业素养，实现学科融合的同时拓展学生对我国作家的了解，有助于学生积累应用文写作素材，同时增强学生民族自豪感。

Step4　Poster making

According to the information above，Ss make a poster about a writer.

Task division：

* 6 Students are for each group.

* Four parts are included in your poster.

* Each student is responsible for one part.

* 1 student present your work.

* 1 student comment other group's work.

设计意图：通过制作海报，生生互动，激发学生的创造性，提升学生的团队合作能力和交际能力。在实践操作的过程中，实现美术+英语学科的融合。

Step5　Poster presentation

1-2 Ss are invited to the stage to show and explain their work.

Activity 1：Before presentation

Watch a video about making a presentation.

Step5 Presentation.

Each group display the poster on the blackboard and choose one or two members to present the poster orally.

Presentation

— Speak clearly and confidently.

— Make eye contact with your audience.

Talk at a proper speed and pause when it is necessary to give your audience time to think about what you have said.

Keep your facial expressions relaxed and friendly.

图3-3-7

Activity 2： During presentation

Here is a sample may be helpful to your presentation.

Sample：

Hi，everyone！ We made a poster about ×××. This is his photo.

××× is a great writer，who was born in .... in ... . His famous works are as follows：... . You may hear the saying "..."，which is/are very inspiring/impressive. ××× is a highly representative Chinese writer and is considered a significant figure in the Chinese literature.

From my poster，I hope you have a better understanding of the writer and be impressed by the charm of our Chinese literature ！ Thanks！

设计意图：本活动旨在提升学生敢于开口说英语的能力与自信，学生通过介绍海报提高语言表达能力。

Step6　Assessment

Step6: Assessment

Give points according to every team's performance（10 points in total）
and give some suggestions.

Assessment	Points	Peer work	Your work
Format	2		
Content	2		
Reasonable layout	1		
Beautiful handwriting	1		
Good pronunciation	2		
Speak fluently and confidently	2		

图3-3-8

设计意图：给出详细且针对本课所学的有效评价量表，通过小组互评的方式根据评价表对poster进行评价，检验课堂所学成果，实现教学评一体化。

Step7　Summary

图3-3-9

设计意图：用名言名句对本节课进行总结升华，实现对学生思维品质的培养和情感教育。

Step8 Homework

Option 1：Polish your poster after class.

Option 2：链接高考。

李华的美国朋友杰克开始学习中国文学，来信询问鲁迅其人及作品。李华回信介绍鲁迅：

1.鲁迅不仅是著名的中国作家、思想家，还是中国现代文学的开创者。

2.他的小说被译成多种文字，并被制成电影，如《阿Q正传》《祝福》。这两部影片深刻地揭露了旧社会。毛主席对他有高度评价。他的一些作品还被选入了中学和大学课本。

3.读鲁迅作品对杰克很有益处。

分层作业设计意图：1.Option 1针对基础薄弱学生，让其对本节课所作海报进行润色，并积累语料。2.Option 2是对本堂课所学内容的巩固与延伸。作业设计采取高考题型应用文写作的方式，对所学内容进行书面产出，真正做到听说读写，串点成面，在提升学生语言综合素质能力的同时，增强学生文化自信。

【板书设计】

How to make a poster?

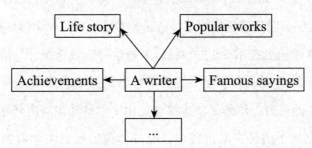

【教学反思】

本课时属于该单元的第六大板块： Project 。整个教学活动主要划分为准备、实施和评价三大环节。围绕"making a poster about a writer"这一主题，学生采用小组合作的形式来完成海报制作的任务。

该课例存在多个亮点。亮点 1 在于本课开头精心进行了情境创设，成功地拉近了学生与本节课话题之间的距离，与此同时，极大地激发了学生的兴趣。本课通过巧妙的情景引入，让学生迅速进入学习状态，为后续的学习活动奠定了良好的基础。

亮点 2 为 jigsaw 拼图阅读。这种阅读方式合理地分配了任务，促使学生进行合作探究。在这个过程中，学生能够在小组内实现知识共享，有效地提升了合作能力。每个学生都能在小组中发挥自己的作用，分享自己的见解，同时能从他人那里获取新的知识和观点。

亮点 3 体现在制作海报的过程中实现了生生互动。通过共同制作海报，充分激发了学生的创造性，显著提升了学生的团队合作能力和交际能力。而展示环节更是为学生提供了一个平台，让他们在介绍海报的同时，能够有效地提高语言表达能力。最后的评价环节也颇具特色。合理的评价量表不仅能够有效地检测学习效果，还实现了教学评一体化。这使得教学过程更加完整、科学，能够及时反馈学生的学习情况，为进一步的教学调整提供依据。

亮点 4 在于信息技术 2.0 的加持以及跨学科的教学设计。借助现代信息技术，丰富了教学资源和手段，提升了教学的效率和质量。跨学科的设计则拓宽了学生的视野，培养了学生综合运用多学科知识解决问题的能力。

学生在完成小组任务的过程中，充分体现出了自主学习和团结协作的能力。学生能够积极主动地参与到任务中，发挥各自的优势，共同攻克难题。同时，学生英语表达能力得到了锻炼，他们在实践中不断提升自己的语言运用水平。

然而，本课不足之处在于，如果每个小组都进行展示说明并评价，可能会导致时间不够用，从而影响教学进度和效果。

教学案例三：高中英语必修一U4 Project Designing an App about a healthy lifestyle

【教学内容】

本节课的内容是译林版教材必修一Unit4 Project 板块，是本单元所有知识的应用和升华。该板块要求学生能围绕"healthy lifestyle"的主题，以小组为单位，设计一款手机App。首先学生要对"healthy lifestyle"所包含的方方面面进行讨论回顾，深化对健康生活的理解；其次，学生要了解设计一款 App 需要考虑的方面，主要包括 App的名称、目标用户、目的、功能、内容和设计这些方面的信息；最后，学生可以小组为单位展开讨论，以书本提供的样本和生活中相关 App 的范例展开设计，模仿的同时加以创新，并展示自己的合作成果，在班级用英语对本组设计的 App 进行介绍，并在班级进行公开点评和投票。

在讨论、设计、展示的过程中，学生可以综合运用本单元学到的语言知识、语言技能和价值观念，从多个维度去思考"healthy lifestyle"的意义和途径，加深对主题的理解。学生通过小组创造不仅能激发自己的创造性思维，而且能够培养团队合作能力。

【学情分析】

本课授课对象为高一学生。这一阶段的学生思维活跃，充满朝气与好奇心。他们身处科技迅速发展的时代，对于新科技有着一定的了解和浓厚的兴趣。如今，学生大多拥有手机，因而对于手机的各类 App 有一定的认识和接触。在本单元的学习中，学生已经了解了过度减肥带来的危害，深刻认识到了健康生活的重要意义，并且了解到了一些有关健康生活的方式，如运动以及饮食等方面的内容。基于此，后续的高中英语教学可以进一步拓展和深化相关知识，引导学生运用所学英语知识来探讨和表达对于健康生活的理解与追求，从而提升学生的英语综合运用能力和思维水平。

【教学目标】

By the end of this section，students will be able to：

1. Design an App about a healthy lifestyle through exploration and cooperation；

2. Present the design and the outcome of group work in class；

3. Evaluate and comment each other's work.

【教学重难点】

Students are expected to design their own App and enhance their abilities of innovative and cooperative learning.

【教学方法】

Cooperative Learning（合作学习）.

Activity-based Language Teaching（活动型教学）.

Situational Teaching Method（情景教学）.

Task-based-Teaching（任务型教学）.

【教学设计】

Step1　Plan

Activity1：Lead in

Students need to be familiar with the App design competition for 2023 by watching a video.

设计意图：通过图片和AI视频导入2023年关于健康生活方式的App设计大赛，创设真实学习情境，激发学生学习兴趣。

Activity 2：Activate the topic

1. Students will brainstorm what they think of when it comes to a healthy lifestyle.

2. Students will be familiar with the English phrases listed in the textbook with pictures.（Speak out the phrases）

图3-3-10

图3-3-11

3. Students will review several people with different concerns learned in previous lessons in this unit and recommend a proper App to each person by using a certain sentence structure.

设计意图：本环节通过头脑风暴，使学生熟悉与健康生活方式相关的英语表达；结合本单元内容，通过为本单元前面课程提到的人物推荐合适的App，引导学生思考what to design 和 why to design，为之后的产出搭建思维脚手架。

Activity 3：Outline the ideas

Students will have a free talk by answering questions：

（1）What is your favorite App?

（2）Why do you often use it?

Students will have a pair discussion to figure out which aspects of an App determine whether users will often use it or not.

The teacher will make a summary about what ideas should students keep in mind when designing Apps.

Activity 4：Research the design

Students will appreciate the pictures on the slide and analyze the sample in the textbook to figure out what makes a good App design's loading page and homepage?

图3-3-12

Activity 5：Know the presentation

Students will review what Linda says in the video and conclude what makes a good presentation with the help of the teacher.

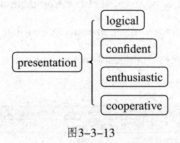

图3-3-13

设计意图：通过讨论、分析、欣赏、总结等多样化的活动，引导学生从ideas、format、presentation三方面关注how to design an App and how to make a good presentation，为之后的产出搭建内容和语言脚手架。

Step2　Produce

Activity 6：Cooperate and create

Students work in groups and create the loading page and the homepage with what has been learnt.

Work in groups and create the loading page and the homepage.

a healthy lifestyle

ideas | format

- purpose
- functions
- contents
- target users

- name
- slogan
- layout
- pictures

Useful expressions:
our App is called _____, thd purpose of which is to _____ . It's important to know that the target users are _____. Besides, what will impress users is that the App will provide _____, suggest _____ and record _____. It is also worth mentioning that the App deserves your investment because _____.

图3-3-14

设计意图：通过任务和情境，鼓励学生小组合作进行创作、互相学习；引导学生整合本单元所学设计相应的App。

Activity 7：Present and evaluate

1.Students are encouraged to present the App designs in front of the class.

2.The teacher encourages other groups to evaluate the App design of each group and give their scores， suggestions and intended investment according to the evaluation form.

Classification	Details	Total points（tick the score）			Investor
		Excellent	Good	Fine	
Ideas（full 10 points）	Purpose	10，9，8	7，6，5	4，3，2	Suggestions for improvement
	Functions				
	Contents				
	Target users				
Design（full 10 points）	Name	10，9，8	7，6，5	4，3，2	
	Slogan				
	Layout,				
	Pictures				
Presentation（full 10 points）	Logical; Confident; Enthusiastic,				How much do you want to invest?
Total score（full 30 points）					

图3-3-15

设计意图：通过展示环节锻炼学生的语言运用能力，同时触发全体学生学会互相欣赏，对健康生活方式的实现途径有更多认识。学生互评的方式有利于培养学生公平公正的观念，并使学生认识到其他组的优势，树立合作共赢的意识；评价表格的设置能实现教学评一体化，并促使学生批判性思考，提出自己的建议。

Activity 8：Sublimation and homework

1. Students will be familiar with the Healthy China Initiative and the 17th National Healthy Lifestyle Day with the teacher's help.

2. Homework.

假定你是李华，正在准备明天英语课堂的"一分钟汇报"。你打算讲述你们小组上周获得学校表彰的App设计项目，内容包括：①项目的目的；②项目成功的经验；③你的祝愿。

注意：写作词数80左右。

设计意图：本环节通过使学生了解我国政府最近的相关政策文件和倡议，培养学生的民族自信，实现学科课程思政化，并且再次强调健康生活方式的重要性，实现学科育人；通过与高考应用文写作相衔接，鼓励学生在做中学、在学中做；通过让学生分享自己的经验，既能引导学生反思得与失，又能让学生感悟高考对学科核心素养的重视。

【教学反思】

鉴于真实设计一款App存在极大的难度，本节课依据课本范例以及师生的实际情况，安排学生仅设计App的加载页和首页。课程设计以一场别开生面的 App 设计大赛作为导入，成功创设了真实的活动情境。而后，本节课开展学习理解、应用实践、迁移创新等丰富多样的活动，高度重视对学生英语核心素养的培养，突出强调做中学、学中做，旨在引领学生实现深度学习。

此外，本节课着重培养学生的思维能力，从 what（是什么）、why（为什么）、how（怎么做）这三个方面引导学生解决问题，依次为学生搭建起思维、内容和语言的脚手架。如此一来，学生在面对问题时能够有清晰的思考路径和方法，从而提高解决问题的能力和效率。在课堂上，学生兴趣浓厚，展现出了极为突出的创作力。小组活动时，他们积极踊跃，能够出色地进行小组合作探究。学生真正做到了在做中学、学中做，思考与行动同步进行，切实达成了深度学习的目标。在这个过程中，学生不仅获取了知识，还锻炼了实践能力和团队协作精神。在评价阶段，不同小组、不同学生之间能够相互学习、相互鉴赏。通过欣赏他人的作品，学生能够拓宽视野，发现自身的不足，从而进一步提升自己的设计水平。

然而，在课堂的实际操作中，仍能观察到个别小组在设计前显得比较茫然，需要教师再次进行小组内的指导。这一现象引发了教师的思考：如果班级内学生的层次参差不齐，要如何才能让课堂更高效呢？此外，学生在课中的设计时间较长，导致展示环节相对紧凑。如果能让学生在课前做好部分准备工作，那么展示环节必然能够更加精彩，学生也能有更充分的时间展示自己的成果和创意。

教学理念：

基于"逆向设计"思路［《追求理解的教学设计（第二版）》（美）格兰特·威金斯、（美）杰伊·麦克泰格］的高中英语 Project 板块设计路径。

　　"逆向设计"有三个阶段，分别是阶段1：确定预期结果；阶段2：确定合适的评估证据；阶段3：设计学习体验和教学。

　　阶段1：设定预期结果时，我们要思考：学生应该知道什么，理解什么，能够做什么？什么内容值得理解？什么是期望的持久理解？在阶段1中，我思考教学目标，查看课程标准，设定课程预期结果。通常要传授的内容比我们在有限时间里能够讲授的内容要多得多，所以我们必须作出选择，明确学习内容的优先次序。

　　阶段2：确定合适的评估证据时，我们要思考：如何知道学生是否已经达到了预期结果？哪些证据能够证明学生的理解和掌握程度？逆向设计告诉我们要根据收集的评估证据（用于证实预期学习是否已完成）来思考单元或课程，而不是简单地根据要讲的内容或是一系列学习活动来思考单元或课程。

　　阶段3：教学设计中，由于前面已经有了清晰明确的结果和关于理解的合适证据，此阶段就可以全面考虑最适合的教学活动了。在这个阶段，我们必须思考几个关键问题：如果学生要有效地开展学习并获得预期结果，他们需要哪些知识（事实、概念、原理）和技能（过程、步骤、策略）？哪些活动可以使学生获得所需知识和技能？根据表现性目标，我们需要教哪些内容，指导学生做什么，以及如何用最恰当的方式开展教学？要实现这些目标，哪些材料和资源是最合适的？

　　借助本书提供的UbD模板（Understanding by Design），我开始模仿创作。

表3-3-1

阶段1——预期结果	
所确定的目标：By the end of this section， students will be able to： 1. Design an App about a healthy lifestyle through exploration and cooperation； 2. Present the design and the outcome of group work in class； 3. Evaluate and comment each other's work.	
理解： （学生将能理解……）	基本问题：（什么样的启发性问题能够促进学生探究、理解和学习迁移？）
（学生将会知道……）	（学生将能做到……）
阶段2——评估证据	
表现性任务： 1. 学生通过哪些表现性任务证明自己达成了预期的理解目标？ 2. 通过什么标准评判理解成效？	其他证据： 1.学生通过哪些其他证据（如小测验、考试、问答题、观察、作业、日志）证明自己达到了预期结果？ 2. 学生如何反馈和自评自己的学习？
阶段3——学习计划	
学习活动： 哪些学习体验和教学能够使学生达到预期的结果？设计如下： W=帮助学生知道此单元的方向（Where）和预期结果（What）；帮助教师知道学生从哪儿（Where）开始（先前知识、兴趣）。 H=把握（Hook）学生情况和保持（Hold）学生兴趣。 E=武装（Equip）学生，帮助他们体验（Experience）主要观点和探索（Explore）问题。 R=为学生提供机会去反思（Rethink）和修改（Revise）他们的理解及学习表现。 E=允许学生评价（Evaluate）他们的学习表现。 T=对于学生不同的需要、兴趣和能力做到量体裁衣（Tailor）（个性化）。 O=组织（Organize）教学使其最大限度地提升学生的学习动机与持续参与的热情，提升学习效果。 （依据WHERETO的各个元素，我的课从Plan、Prepare、Produce、Present展开。）	

教学案例四：选择性必修一 U2 Project Making a Profile of an English Song

【教学内容】

本节课内容是译林版教材选择性必修一 Unit 2 The Universal Language。本板块围绕单元主题"an English Song"，要求学生结合所学语言知识和文化知识，以小组合作的形式完成一份一首歌的简介。教师可以挑选一首耳熟能详的音乐作为例子讲解该音乐的背景、歌手或者乐队、歌词、风格以及含义；学生通过小组讨论，在明确活动要求的基础上，选择一首歌曲从以上几个方面进行介绍，最后以小组为单位展示成果，用英语进行介绍，并对其他组的展示做简要评价。

【学情分析】

本节课所教授的对象为高二学生。在经历了一年的高中英语学习后，他们在英语的听说读写能力方面已经具备了一定的基础。无论是在听力理解上对不同口音和语速的适应，还是口语表达中对语音语调的把握，抑或是阅读时对复杂文本的解读以及写作时对逻辑架构和语言的运用，都有了较为明显的进步。

通过本单元的深入学习，学生获得了丰富的知识。他们了解到众多中西方乐器，如古筝、二胡、钢琴、小提琴等；熟悉了中西方风格迥异的音乐，感受到不同文化背景下音乐所传递的情感和魅力；认识了一些有名的歌手以及乐队，知晓了他们的代表作品和音乐风格；还探究了著名音乐家贝多芬的传奇一生及不朽的音乐成就。这些知识的积累为他们奠定了良好的音乐知识基础。

也正因如此，本节课所提出的要求，对于他们而言，就显得顺理成章、水到渠成。凭借之前积累的知识和培养的能力，学生能够更加从容地应对本节课的学习任务，更深入地理解和掌握相关内容，进一步拓展自己的知识面和思维深度，实现知识的迁移和能力的提升。相信学生能够在本节课中取得更大的进步。

【教学目标】

By the end of this section，students will be able to：

1. Research an English song through cooperation and exploration；

2. Write and present the profile of a song；

3. Evaluate and comment on each other's profile.

【教学重难点】

1. Develop the ability to appreciate songs from different aspects.

2. Know how to make a profile.

3. Search for related information relevant to a song and make a profile.

4. Develop aesthetic ability to appreciate songs.

【教学方法】

Cooperative Learning（合作学习）.

Activity-based Language Teaching（活动型教学）.

Situational Teaching Method（情景教学）.

Task-based-Teaching（任务型教学）.

【教学设计】

Step1 Introduction

T asks Ss to think what a profile is. If they are not sure，T leads Ss to look up the word in the dictionary.

T：Do you know what a profile is?

A profile refers to a description of somebody or something that gives useful information；the general impression that somebody or something gives to the public and the amount of attention they receive；and the edge or outline of something that you see against a background. These are the definitions from Oxford dictionary.

设计意图：学生通过查字典，学会主动学习，理解什么是profile。只有对概念准确把握才能更好地制作profile。

Step2 Free talk

T asks Ss to have a mini discussion about the specific type of songs they like.

T：Which English song do you like best?

T introduces the focus of this lesson to the whole class：choosing a song to research.

T also invites Ss to answer the following questions：

• Which song would your group like to research?

• Why do you choose this song?

•How to research a song?

T：You can discuss in your groups and share your discussion in class.

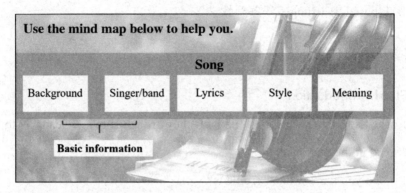

图3-3-16

设计意图：通过讨论的方式选定歌曲，帮助学生合作学习。

Step3　Preparing

1. What to focus on

T divides the students into groups of 4 and each group discusses the aspects they are going to focus on researching a song. In addition，each group member can try to collect the information from one aspect（including singer/band，background，lyrics，style and meaning）.

T：Since you have learned the definition of profile，the first thing is to find the description of the song that gives useful information. What should you consider when you research a song？You can discuss with your partner and search for information about the specific song. Take this song "Take Me Home，Country Roads" as an example.

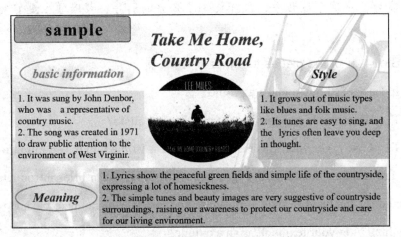

图3-3-17

2. How to find information

T gives some tips on finding information for profile about a song.

T： But where can we find the information related to songs？ Here are some tips for you. Information can be found on the Internet or on books.

T： When searching for proper information， we should pay attention to checking the accuracy of the information you find， especially on the Internet. Also， we should check the meaning and background of a song to show the popularity of the song. Generally speaking， information from official sources can be trusted.

T： Now you are divided into groups and you have your own research target， different songs with different styles， backgrounds and meanings. I'd like you to cooperate with your group members and search information through different resources.

设计意图：从至少五个方面建构歌曲的profile，培养学生搜索和整合信息的能力。在这个过程中，教师要给予必要的引导，帮助学生更好地完成任务。

Step4 Put the pieces together

1. T asks Ss how to make a profile.

T：Before making a profile, what should you do?

T：First, get your information prepared. List the things you might need: basic information including background of the song and a brief introduction to the singer or the band; style, meaning and lyrics. You can take the song "Try Everything" in your textbook as an example.

T：Second, organize your materials and ideas. Gather things that carry your information about the song. Think carefully about the layout.

T：Third, fill your materials in the profile. You can have your own style of the profile.

T：Fourth, decorate your pages with interesting illustrations.

2. Ss finish the profile in a group.

设计意图：学生根据教师的讲解进行实际操作，达到知识迁移的目的。在动手过程中，学生学会了团队合作，且更加了解制作profile的相关知识。教师通过和学生的互动，让学生参与进来，发挥学生的主观能动性。

Step5 Presentation

Ss are invited in front of the class to present their profile.

T：OK! Time is up. We are desperate to enjoy other groups' works, right? Now let's share our work with the classmates.

设计意图：学生在展示小组成果的同时，锻炼英语语言输出能力和公众表现力。

Step6　Evaluation

T invites Ss to evaluate their peers' profiles and give their comments.

T：Please evaluate your peers' profiles and give your comments. You can also vote on the best profile and give your reasons.

设计意图：教师让学生互评，培养学生主动探究、团队协作的精神，让学生相互促进、共同提高。

Step7　Emotional value

Discuss：Why music is a universal language?

设计意图：让学生思考音乐的本质是什么，培养学生的文化意识。

Step8　Homework

Write an article based on the assessment.

【教学反思】

这是一堂关于创建概要文件的读写实践课。在学生完成了整个单元有关音乐和绘画的分析鉴赏学习之后，他们将着手制作一份关于自己喜欢的歌曲的概要文件。

（一）本课的优点与不足

在这堂课中，我首先设置了听音乐猜歌名和演唱者的环节，这既成功引出了话题，又有效地提高了学生的兴趣，从实际的上课效果来看，这个环节相当成功。随后的游戏环节更是增添了不少趣味，极大地活跃了课堂氛围。最后的写作展示环节借助教室的希沃同频技术，作品展示效果直观清晰，方便了同学们进行赏析和评价。通过本单元从 reading 到 extended reading 的学习，学生积累了一些用英语介绍音乐和歌手的语用信息，在本节课上能够做到学以致用。这无疑是一个令人欣喜的成果，体现了教学的连贯性和有效性。

然而，本堂课在学生活动的安排上存在一定的不足，未能充分兼顾不同层次学生的需求，导致有些学生无法积极参与到信息的查找和整理过程中。这使得对于知识的巩固和实际运用不能得到及时的操练和反馈，影响了部分学生的学习效果和参与度。部分基础较弱的学生可能在面对任务时感到力不从心，而能力较强的学生可能又觉得挑战不够，无法充分发挥其潜力。

（二）改进措施与方案

第一， 课后，我会询问部分基础较差的学生，了解他们在本堂课中感觉吃力的环节，然后有针对性地给予帮助，为他们提供额外的辅导和巩固练习，确保他们能够跟上教学进度，增强他们学习的信心。

第二，积极听其他教师的 Project 实践课，汲取他们的优点。观察其他教师如何设计活动以满足不同层次学生的需求，如何引导学生进行有效的合作学习，如何激发学生的创新思维等，将这些宝贵的经验融入自己的教学中，不断提升自己课程的质量与效果。

第三，充分利用网络资源，多上网搜索这方面的课程，尤其是优质的公开课。学习他人的教学理念、教学方法和教学技巧，拓宽自己的教学思路。借鉴他人的成功案例，结合自己学生的实际情况，进行创新和改进，努力为学生打造更优质、更高效、更具吸引力的课堂。

教学案例五：必修二 U3 Project Making PPT slides about a festival

【教学内容】

本节课内容是译林版教材必修二 Unit 3 Project Making PPT slides about a festival。本单元的主题语境是"人与社会"，话题是"节日与风俗"，旨在帮助学生了解各国不同的风俗和文化，引领学生理解文化内涵，比较文化异同，坚定文化自信，提高跨文化沟通能力和传播中国文化的能力。本板块围绕单元话题，引导学生通过小组合作，制作介绍某一节日的幻灯片。教师首先让学生就世界不同的节日进行讨论，开阔思路；然后帮助学生了解并掌握介绍节日的方法和步骤，继而鼓励学生在此基础上选择一个节日，小组合作制作幻灯片；最后要求各组展示幻灯片，并用英语对其进行介绍，其他小组需针对展示的作品做简要评价。

【学情分析】

高一下学期，学生已经积累了一定的词汇量，阅读量也有所增加，从而具备了一定程度的综合语言运用能力。在话题知识的储备方面，通过本单元的深入学习，学生已经获取了不少有价值的信息。他们了解到一些中国传统节日，如春节的阖家团圆、热闹喜庆，端午节的纪念屈原、龙舟竞渡；也熟悉了西方有名的节日，如圣诞节的温馨祥和、万圣节的神秘诡异。对于部分节日的习俗、来源以及意义价值，学生也有了一定的认识，如春节贴春联、放鞭炮的习俗，其来源于古老的传说，承载着人们对美好生活的向往；圣诞节互赠礼物的传统，源自宗教故事，传递着爱与祝福。学生内心充满期待，渴望能够运用英语来讲述自己喜欢的节日，甚至期望将中国的节日文化传播出去。他们深知文化交流的重要性，也有着强烈的表达欲望。

然而，在口语表达能力上，他们仍然相对薄弱。可能在组织语言时会出现逻辑不够清晰、表述不够准确流畅的情况；或许在面对一些复杂的话题时，会感到词穷，无法准确传达自己的想法；抑或是在发音和语调方面还不够标准，影响表达的效果。但这些不足并不能阻挡他们前进的脚步，只要给予适当的引导和更多的练习机会，相信他们在口语表达方面会不断进步，逐渐能够自信、准确、流利地用英语讲述文化故事，为文化的交流与传播贡献自己的力量。

【教学目标】

By the end of this section, students will be able to：

1. Language ability objectives： Students will be able to learn some tips on making PPT slides and requirements when present their work；

2. Thinking capacity objectives： Think critically when evaluating others PPT；

3. Cultural awareness objectives： Students will be proud of being Chinese and take the responsibility to protect our brilliant culture；

4. Learning ability objectives： Students will improve themselves by exploring and evaluation.

【教学方法】

Cooperative Learning（合作学习）.

Activity-based Language Teaching（活动型教学）.

Situational Teaching Method（情景教学）.

Task-based-Teaching（任务型教学）.

【教学设计】

Step1　Lead–in — Guessing game

The teacher will say something and asks students to tell whether it's a truth to the topic or a lie.

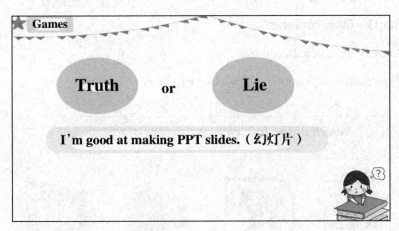

图3-3-18

设计意图：激发学生兴趣，引入主题PPT制作。

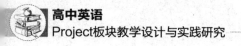

Step2　Introduce the teaching contents

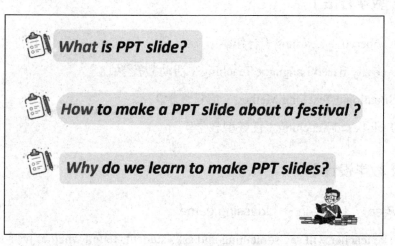

图3-3-19

设计意图：设置清晰的课堂学习任务，使得学生学习目标明确。

Step3　Main contents

Activity one：challenge one

Figure out the question：what is a PPT slides?

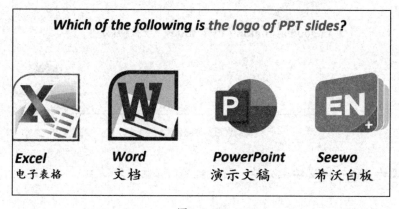

图3-3-20

Activity two： challenge two

How to make a PPT slides about a traditional festival?

1.Watch a micro class and figure out the tips on making PPT slides.

图3-3-21

2.Finish the mind-map of making PPT slides.

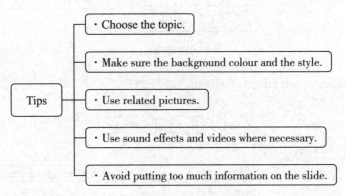

图3-3-22

Activity three： challenge three

Task assignment：

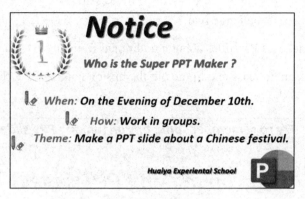

图3-3-23

1. Choose a traditional Chinese festival

图3-3-24

2. Research your chosen festival

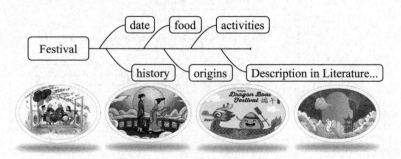

图3-3-25

3. Design your PPT slide on paper

设计意图：本环节通过设置三个不同层次挑战，让学生探索学习内容，学会如何制作PPT，为完成项目搭好了脚手架。然后让学生将所学知识运用到实际情境中。从学习理解到实践，输入到输出有机结合，培养学生的动手能力、思维能力以及文化意识。

Step4　Presentation

1.To become a good presenter，you should：

（1）Speak with a loud voice and confidence；

（2）Make eye contact with your audience；

（3）Use body language when necessary；

（4）Pay attention to the content.

2.After sharing the requirements of presenting the PPT slides，the teacher encourages students to present their work. Meanwhile，students are asked to appreciate others work and give evaluation.

表3-3-2

Groups	Excellent	Good	Improvement-needed
Groups 1			
Groups 2			
Groups 3			
Groups 4			

设计意图：创设机会给学生展示自己小组的作品，提高学生的口语表达能力。学生需要对同学的作品进行欣赏和评价，培养批判性思维。

Step5　Deep thinking

Question：Why do we learn to make PPT slides about the Chinese festivals.

Spread knowledge about our national history.

Learn more about Chinese Values.

Be proud of being Chinese...

设计意图：引导学生深入思考，鼓励学生主动承担宣传文化的任务，培养学生的文化自豪感。

Step6　Conclusion and homework

Polish the PPT according to the given advice.

【教学反思】

本节课的内容为译林版教材必修二Unit 2 Project Make PPT slides about a festival。课堂内容从"What is the PPT slides？""How to make PPT slides about a traditional festival"以及"Why do we learn to make PPT？"这三个方面展开，并且以三个challenges来串联整个课堂。

然而，我在完成整堂课后，发现存在诸多问题。其中最为突出的是，自己在教学设计过程中仅仅注重了PPT的制作技巧，却未能与本单元的主题紧密相连。在前期对"what"这部分内容进行探索时，只是单纯地探讨了PPT的样式，如页面布局、字体选择等，而这些对于课堂后期的内容并没有发挥太大的作用。它们没有触及PPT在传达节日文化内涵方面的核心要点，导致前期的探索与后续关于传统节日的PPT制作衔接不够紧密。

在"How"环节，我主要侧重于PPT制作技巧的传授，却忽视了对整个单元主题"Festivals and customs"相关内容的输入。在这个环节，对单元主题的铺垫过少，只是简单地呈现出一个框架，而对于其中的细节挖掘严重不足。这使得学生在制作PPT时，缺乏足够的内容支撑和方向引导，难以将传统节日的丰富内涵通过PPT有效地展示出来。学生在制作过程中可能更多的是机械地遵循步骤，而不是主动地思考如何通过 PPT 来生动地展现节日的特色和文化价值。

另外，在小组合作环节，虽然课堂内容的任务布置清晰明确，但是在实际操作层面却存在问题。任务的设计缺乏足够的可操作性，无法真正激发学生之间的有效合作，难以达到通过小组合作提升学生综合能力的目的。同学们在展示环节所呈现的作品，也未能充分体现出 PPT 与传统节日之间的紧密关系。在主题内容的铺垫方面，仅仅给出了一个粗略的框架，没有深入地引导学生进行思考，导致学生在制作 PPT 时，对传统节日的理解和展示不够深入、全面，作品显得较为肤浅和表面化。

最后，在评价他人作品时，学生不能客观地评价，也无法从不同的角度去发现别人作品的亮点。这反映出教学过程中对学生评价能力的培养不足。作为教师，我也没有及时收集学生课堂内外的精彩瞬间，未能以过程性评价的方式来全面记录学生的学习过程。过程性评价的缺失使得无法对学生的学习进展和努力给予及时的反馈和鼓励，也不利于学生全面了解自己的学习状况和成长轨迹。

总之，此次课程未能成功地将 Project 板块与单元话题有机结合起来。在今后的教学中，我会吸取这次的教训，提前做好更充分的课前准备，为学生提供更丰富的素材和更深入的引导，同时注重记录课堂内外的精彩瞬间，运用过程性评价的方式，更全面、细致地关注学生的学习过程，促进他们的成长和进步。

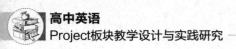

第四节　自主探究类教学案例

　　译林版教材中有6个自主探究类 Project 教学案例，包括制作方案、计划、实操实验、设计调查等。根据上一章节的解析可知，该类教学需要学生通过自主探究、小组合作、信息检索等方法，对于未知或者不熟悉的领域进行探究，能够提高学生自主学习能力和团队协作能力，具有一定的挑战性。自主探究类教学能够极大地激发学生的学习兴趣，培养自主学习能力和创新思维，是培养高阶思维很好的方式。而且，通过自主探究类活动，学生可以学会如何自主学习、如何解决问题和如何分析反思并总结，培养自主学习能力。本书选取了做一个慈善活动的策划方案和设计调查学生习惯的调查报告两个案例来进行解析。

教学案例一：选修二 U3 Project Planning a charity activity

【教学内容】

　　本板块围绕译林版教材选修二 Unit 3 "帮助他人" 话题展开，要求学生制订一份慈善活动计划，并对活动的相关安排进行介绍。任务活动首先以师生间的讨论作为导入环节，从现实生活的实际情况出发，促使学生积极参与到讨论之中。结合学校学生会给班级布置的任务，自然而然地引出本节课的主要任务。在任务活动中，学生以小组为单位展开探究和讨论。这一过程重点关注活动计划的具体内容和制订步骤。小组成员们集思广益，充分发挥各自的优势和特长，共同为制订一份完善的慈善活动计划出谋划策。当小组制订完计划后，随即进行展示，由小组负责人用英语对计划进行介绍，从而达成相互分享的目标。随后，通过小组互评的方式，促进成员之间的交流和沟通，让大家能够从他人的意见和建议中汲取灵感，进一步完善活动计划。整堂课程从实际情境入手，在教材案例的基础之上，运用量化评价表，循序渐进地引导学生开展合作学习和探究学习。这种教学方式突出了学生在课堂中的主体地位，让学生成为学习的主导者，充分发挥他们的主观能动性。这一过程不仅提升了学生的个人能力，如问题解决能力、沟通表达能力、创新思维能力等，还培养了学生的团队合作意识，让他们明白团队的力量是无穷的，只有团结协作，才能实现共同的目标，完成更加复杂和艰巨的任务。

【学情分析】

本课的教学对象是高三学生。他们经过多年的英语学习，具备了较为良好的英语基础，在词汇量、语法知识、阅读理解和写作表达等方面都有了一定的积累和掌握。同时，他们已经掌握了一定量关于帮助他人的词汇与知识。而且，"帮助他人"这一话题与学生的日常生活紧密相连。在日常生活中，学生或多或少都有过帮助他人或者接受他人帮助的经历，对于帮助他人的意义和价值有着切身的感受和体会。通过前面部分内容的学习，学生已经深刻认识到帮助他人所带来的种种益处。比如，帮助他人能够给自己带来快乐和满足感，增强自信心和自我价值感；能够促进人与人之间的关系，营造和谐友好的社会氛围；还能够培养自己的同理心和社会责任感，提升自身的综合素质和能力。

因此，当面对不同情况下需要帮助的人时，学生的心中自然而然会产生类似"我们可以采取哪些行动来给予支持呢？"这样的想法。他们会开始思考在具体的情境中，如何运用自己所掌握的知识和技能，如何发挥自己的优势和特长，去为那些需要帮助的人提供有效的帮助和支持。这种思考不仅体现了学生对知识的应用和拓展，也反映了他们对社会问题的关注和责任感，有助于培养他们成为有爱心、有担当、有社会意识的新时代青年。

【教学目标】

By the end of the class， students will be able to：

1. Make a charity activity plan through cooperation and exploration；

2. Present the plan to the whole class；

3. Evaluate each other's work and figure out practical ways to help people in need；

4. Develop social awareness to help others and improve volunteering skills .

【教学重难点】

How to make a charity activity plan.

【教学方法】

Cooperative Learning（合作学习）.

Task-based-Teaching（任务型教学）.

【教学设计】

Step1　Lead in

1.Free talk

Share your personal experience of helping others or being helped by others.

2.Task

Cindy received a massage from Students' Union. Each class is required to submit a charity activity plan before this weekend. Help her in groups and make a reasonable charity activity plan.

设计意图：通过学生和教师之间的自由对话，分享在日常生活中提供或接受他人帮助的场景，激发学生兴趣，活跃课堂氛围，并促进学生参与。然后通过学生制订的慈善活动计划来引出本节课的主要任务。

Step2　Guidance of making a charity activity plan

1.Discussion

Question：What is an activity plan?

Conclusion： An activity plan serves as a strategic tool that helps you achieve the goals for an event. It clarifies your goals and allows you to design some activities to succeed.

2.Read and think

Read the chart and the example on Page 41， and think the following two questions.

（1）What are the elements of an activity plan?

① Title（clear， brief， eye-catching）

② Purpose（clear，realistic，achievable）

③ Time and place（clear）

④ Activities（diverse，concrete and practical）

⑤ Preparations（concrete）

（2）What's good about the plan in terms of language and layout?

① Language（brief，specific，using simple and short sentences）

② Layout（neat display，different colors，good handwriting）

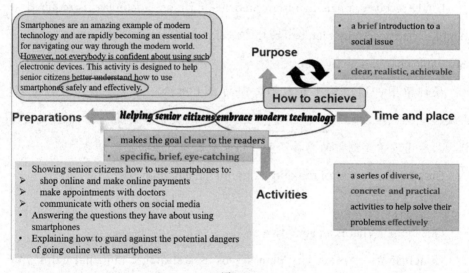

图3-4-1

3. A charity activity plan making procedures

（1）Select target people.

（2）Collect and identify the main information.

（3）Organize information and design a charity activity plan.

设计意图：首先通过讨论明确活动计划的目标；然后，借助阅读书本材料来探讨慈善活动的核心内容以及计划的语言和布局要求，为下一步做好准备；最后，通过深入讨论来确定慈善活动的步骤，促进团队成员之间的交流与合作。

Step3   Group work

Have students make their own charity activity plan in groups.

（1）Divide all the students into 6 groups.

（2）Have a discussion and each group choose one kind of target people.

① Elderly living alone in villages.

② Empty nesters struggling in modern cities.

③ Left-behind children in remote villages.

④ Left-behind children in remote villages.

⑤ The homeless people.

⑥ The disabled in poverty.

（3）Discuss the content of the charity plan in groups and write down the plan.

设计意图：通过讨论，使学生理解活动计划的概念和作用，并结合书本上的例子思考以下问题：活动计划的要素包括哪些方面？从语言和布局角度来看，计划具有何种优点？这将为后续活动计划的设计提供良好基础。随后，以小组为单位制订慈善活动计划，目的在于培养学生的能力并激发其潜能。

Step4   Presenting and evaluation

1.Present the activity plan to the whole class.

2.Evaluate the plan based on the evaluation chart.

表3-4-1

Dimention	Specific requirements	Evaluation（★）
Contents	An eye-catching title（★）	
	A clear purpose（★）	
	A brief introduction to a social issue（★）	
	Diverse, realistic activities（★）	
	Sufficient preparations（★）	
Language	Briefness（★）	
	Fluency（★）	
	Pronunciation（★）	
Layout	Neat display（★）	
	Good handwriting（★）	
Total score（10 points）		

设计意图：以小组为单位展示成果，提升学生的语言能力，培养学生主动参与意识；此外，小组互评有助于促进成员之间的相互学习。

Step5 Summary and emotional sublimation

1.Summarize the content of an activity plan and the procedure of making a charity activity plan.

2.Value： In helping others， we shall help ourselves， for whatever good we give out completes the circle and comes back to us.

设计意图：学习和探究如何制订一份有效的慈善活动计划是对学生能力进行锻炼和培养。此外，这也是另一种实施爱心教育的方式，教育学生在日常生活中尽己所能去帮助他人。

Step6 Homework

1.Polish up your activity plan and appreciate other groups' plans.

2.Write a letter to apply to be a volunteer for the activity Help senior citizens embrace technology.

设计意图：进一步完善活动计划，引导学生进行课后反思。

【板书设计】

Unit3

Make a charity activity plan

Ⅰ. An activity plan：

Elements（title/purpose/time and place/activities/preparations）

Language（brief/specific）

Layout（different colors/good handwriting）

Ⅱ. How to make a charity activity plan?

Select target people.

Collect and identify the main information.

Organize information and design a plan.

【教学反思】

本节课对学生提出的要求是制订一份慈善活动计划。经过本单元前面部分内容的学习，学生已深刻认识到帮助他人所能带来的诸多益处。然而，关键问题在于，如何把这种强烈的意识切实转化为具体的实际行动？又怎样将学生所学的知识和技能与现实生活紧密且有效地结合起来？

本堂课首先通过组织学生讨论并分享各自帮助他人的经历来引入话题。在这个过程中，学生踊跃发言，积极交流，分享的内容生动且富有感染力，成功地营造了浓厚的课堂氛围，同时自然地开启了本节课的主题探讨。然后，借助书本案例引导学生进行深入探究，并着手制订活动计划。

此环节充分强调学生的主体性，鼓励学生发挥主观能动性，积极思考，大胆创新。在最后的阶段，学生通过小组合作的形式来完成计划的制订和展示。各小组分工明确，协作有序，展现出了良好的团队精神和高效的执行能力。从最初的构思到最终的成果展示，每个小组都付出了努力，也收获了成长。

通过这堂课的教学实践，我深刻地体会到 Project 板块与单元复习课存在明显的不同之处。它更侧重于项目化学习，强调学生在真实的情境中运用所学知识解决实际问题，培养学生的综合能力。在设计各个环节时，需要紧密围绕教学的主线，精心策划每个步骤，以激发学生的兴趣和积极性，促使学生全身心地参与其中，并且将实践融入学习的全过程。同时，为了有力地支持学生的语言发展，应当为学生提供充足的语言框架，给予他们必要的语言支撑和引导，并且要预留出足够的时间和空间，让学生能够充分地思考、表达和展示，使他们的语言能力在实践中得到锻炼和提升。此外，建立教学与日常实践之间的紧密联系是十分必要的。要将课堂教学的成果延伸至课外，让学生在生活中继续践行所学，同时要重视德育教育，培养学生的社会责任感和关爱他人的良好品德，使他们成为有爱心、有担当的社会公民。

教学案例二：必修二 U2 Project Doing a survey on students' exercise habits

【教学内容】

本板块紧紧围绕必修二 Unit2 的单元话题"运动与健康"展开教学活

动，旨在引导学生学习问卷设计的规则，进而设计出一份调查问卷，用于了解学生的运动习惯。同时，学生还需在教师的指导下完成调查报告的书写，并提出科学的运动建议。

任务活动首先通过自由讨论来进行导入，充分调动学生的积极性，激发他们对于运动与健康这一话题的思考和兴趣。随后，结合教师所收到的相关信息，自然而然地引出本堂课的主要任务。接下来，学生以小组为单位进行问卷设计。在实施调查之前，学生需要针对所调查的话题展开问题设计的讨论，力求问题具有针对性和有效性。学生还要通过阅读问卷范本，进一步深入学习问卷设计的规则，以确保所设计的问卷能够达到预期的效果。然后，学生通过小组合作的方式来实施调查，并着手撰写调查报告。在这个过程中，小组成员们分工协作，共同收集数据、整理信息、分析结果。在最为重要的调查报告呈现环节中，学生利用给定的句式对具体的数据情况进行严谨的分析；同时，通过小组间的评价和充分交流，进一步完善报告的内容，并提出具有科学性和实用性的运动建议。

该课堂融合了现代软件技术于教学之中，为学生提供了更加便捷和高效的学习方式。同时，以小组合作形式来开展调查活动，极大地增强了学生的参与感和责任感。这种教学方式显著提升了学生的能力水平，包括问题解决能力、数据分析能力、文字表达能力等，也有效地培养了他们的团队合作精神，让学生明白团队协作的重要性，学会在团队中发挥自己的优势，共同为实现目标而努力。

【学情分析】

本课的教学对象为高一学生。经过必修一阶段的学习，学生已逐步适应了高中的学习节奏和方式，在知识积累方面也取得了一定的进展，具备了一定规模的词汇量。通过前面内容的学习，学生对于健康和运动这一主题有了一定程度的认识和理解。由于这一话题与学生的日常生活紧密相连，息息相关，他们对其表现出了浓厚的兴趣。在日常生活中，学生能切实感受到运动对健康的影响，也能意识到保持健康的重要性。

然而，在培养良好运动习惯的具体措施方面，学生的认知还相对欠缺，不是特别清晰和了解。为了提高他们的参与度，充分激发他们的学习热情和积极性，我们可以借助问卷调查这种直观且有效的方式，为学生布置相关的小组任务活动。通过问卷调查，能够广泛收集学生对于运动习惯的看法和实际情况，获取大量真实的数据和信息。然后，依据这些数据进行总结和分析，能够更加清晰地呈现出具体的情况。这样得出的结论会更加具体化和具有说服力，让学生能够更加直观地了解到自身运动习惯方面的优点和不足，从而有针对性地去改进和完善，进而形成良好的运动习惯，促进自身的健康发展。同时，在这个过程中，学生通过参与小组任务活动，还能够锻炼团队协作能力、沟通交流能力以及问题解决能力等，实现多方面的成长和进步。

【教学目标】

By the end of the class， students will be able to：

1.Design a questionnaire about students' exercise habits through cooperation and exploration；

2.Conduct a survey on peers' exercise habits；

3.Write a report based on the survey data and offer reasonable suggestions regarding exercise habits.

【教学重难点】

How to design an effective questionnaire and write a report about students' exercise habits.

【教学方法】

1.Cooperative Learning（合作学习）.
2.Task-based Teaching Method（任务型教学）.

【教学设计】

Step1　Lead in

1. Free talk

Question：Do you like doing sports?

Have students talk about the question and invite some students to share their exercise habits.

2.Task

Read a WeChat message received from Jessica and complete the sentences regarding the task of this lesson.

设计意图：首先，教师通过自由对话询问学生是否喜欢运动，引导他们分享个人的锻炼习惯，活跃课堂氛围，并激发学生兴趣，进而引出本节课的主题。同时，教师可以分享自己的锻炼习惯以拉近与学生之间的距离，并促进学生更多地参与讨论。其次，在阅读微信聊天记录时得知老师的朋友Jessica正在进行一项有关中学生运动习惯调查，为本节课创造语境并引出主要任务。

Step2　Planning

Discussion

What to ask on the questionnaire about the exercise habits of the students in your school?

（1）How often do you exercise?

（2）How long do you exercise?

（3）What type of exercise do you do?

（4）Where do you exercise?

（5）Who do you usually exercise with?

（6）What time do you usually exercise in a day?

（7）Do you warm up before exercise?

（8）Do you stretch after exercise?

（9）Do you wear proper clothes and equipment?

设计意图：通过讨论促使学生思考问卷所涵盖的内容，结合实际生活提出本次调查问卷中相关问题，加深学生对主要任务的理解。

Step3　Preparing

1.Task

（1）Read the tip of "Designing a questionnaire" in part B on page 27 to identify the essential elements of effective questionnaires.

（2）Compare and analyze each question from both samples， evaluating their respective strengths and weaknesses.

（3）Summarize the rules for designing a questionnaire.

> · Rules for designing a questionnaire
>
> · Give specific references.
>
> · Ask about only one piece of in for mation at a time.
>
> · Give enough options.
>
> · Make sure the respondents have the necessary knowledge to answer the question.
>
> · Use simple and short sentences.
>
> · Use precise language.

图3-4-2

2.Group work

（1）Design a questionnaire in groups.

（2）Present the questionnaires on the Internet and evaluate groups' questionnaires for learning what aspects students need to improve.

设计意图：通过阅读书本上的Tips部分，帮助学生了解问卷设计的要求，并通过对比问卷样本，使学生进一步熟悉问卷的设计规则，以促进后期小组在调查问卷实施方面的能力提高。同时，通过小组互评可以有效改善问卷设计并提高学生的能力水平。

Step4 Producing

1.Conduct a survey among groups.

2.Collect and analyze the statistical data derived from the survey.

3.Write a report

（1）Read the example in Part C on page 27.

（2）Write a report utilizing relevant and applicable expressions.

① Specify the time， place and respondents of the survey

We made/did/conducted/carried out a survey among... on...

A survey was made/conducted /carried out among... on...

② Summarize the findings of the survey

From the diagram， it can be seen that...

According to the chart， we can see that...

As is shown in the chart/As we can see from the table， ...

It can be concluded from the graph that there has been a great decline in ...

The graph shows/indicates that ...

③ Make suggestions

As far as I am concerned ...

From my own perspective ...

In my opinion ...

As for myself ...

From my point of view ...

Personally speaking ...

Look at the example below, which is part of a report, to help you.

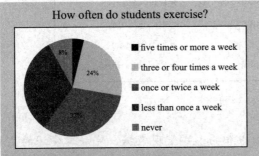

How often do students exercise?

- five times or more a week
- three or four times a week
- once or twice a week
- less than once a week
- never

8%
24%

The results of the questionnaire.
Specify the the time, place and respondents of the survey.
Summarize the results of the survey.
Make suggestions.

Most students need to do a lot more exercise if they wish to remain healthy. Experts recommend exercising at least three times a week, but only 20% of students manage that. From the diagram, we can also see that 40% of students exercise less than once a week or never exercise. It can be seen that most students need to excrcise more frcqucntly.

图3-4-3

设计意图：学生的运动习惯到底是怎样的呢？①结合上一环节设计的问卷，利用问卷星软件构建在线调查问卷以收集数据，为后续数据分析做好准备。②通过数据分析能培养学生的分析和逻辑思维能力。③通过阅读书本中的调查报告示例，并进行深入讨论语篇结构，提高学生的语用能力。④利用希沃软件展示小组报告，有用句式的提供有助于学生更规范地撰写调查报告。

Step5　Presenting and evaluation

1.Deliver presentations to the class.

2.Guide students in evaluating the reports and offering reasonable suggestions regarding exercise habits.

Evaluation

1.Evaluate the reports of the other groups and make comments.

★Ideas   ★Statistics   ★Language

2.Evaluate the presentations given by the other groups.

★Language   ★Eye contact

★Proper speed and pause   ★Facial expressions

图3-4-4

设计意图：引导学生以调查报告的形式呈现数据，完成本堂课的主要任务，并通过小组互评和交流完善报告，之后提出科学运动建议。

Step6 Homework

1.Polish up the reports after class，ensuring their meticulousness，and prominently display them on the classroom wall.

2.Appreciate the reports submitted by other groups and provide constructive suggestions to enhance their quality.

设计意图：进一步巩固课上所学内容，并通过课后小组的交流和展示相互借力，以进一步完善调查报告的书写。

【教学反思】

本节课要求学生以合作的形式完成一项有关学生运动习惯的调查。整个过程从导入部分的热烈讨论，到后续的调查问卷设计、实施，再到报告的撰写与展示，最后到课后的评价与完善，始终都以小组合作探究为核心。在这个过程中，学生有充足的思考和表达空间，充分体现了其在课堂中的主体地位，鲜明地突出 Project 板块合作探究的学习目标。

此外，在问卷设计、数据收集、报告展示等多个关键环节中，教师巧妙地运用了App，这不仅能够更好地激发学生对英语学习的浓厚兴趣，而且使课堂教学形式变得更加丰富多样，显著提高了课堂效率。例如，利用特定的软件进行问卷设计，不仅操作便捷，还能使问卷的形式更加规范和专业；通过相关软件进行数据收集和分析，能够更加快速和准确地得出结果；在报告展示环节运用多媒体软件，能让展示效果更加生动直观。英语课程标准着重强调要秉持以学生为中心的教育理念。这就意味着在教学目标的设定、教学内容的选择、教学过程的规划、教学评价的实施以及教学资源的开发利用等多个方面，都应当综合考虑全体学生的发展需求。

因此，在实际的教学过程中，应当采用多种多样的教学形式来激发学生的学习兴趣，如创设生动有趣的情境、组织富有挑战性的竞赛、开展丰富多彩的小组活动等。同时，要特别注重引导合作探究式学习，让学生真正成为课堂活动的主导者。只有学生积极主动地参与到课堂中来，他们的思维才能得到充分的锻炼，能力才能得到有效的提升。此外，还应加强理论与实践的紧密结合，避免知识的学习与实际应用相脱节。通过实践活动，学生将所学的理论知识运用到实际情境中，从而实现能力的全面提升，更好地适应未来的学习和生活。

第四章

教学课例实践的应用与推广

在"新课标、新教材、新高考"的"三新"背景下，教育领域的改革与创新正以前所未有的深度和广度持续推进。指向深度学习的 Project 板块教学设计与实践研究，作为这场教育变革的关键构成部分，其在基础教育、职业教育和高等教育等多个领域的应用和推广显得格外关键。本章将全面且深入地探讨教学课例实践在各个领域的具体应用状况，并系统地归纳推广策略，期望能为教育教学的进一步发展提供极具价值的参考。

第一节　教学课例实践在基础教育
领域的应用

　　在基础教育阶段，Project 板块的教学课例实践犹如一座将知识与实践紧密结合的桥梁，通过跨学科、跨领域的丰富的学习项目，引领学生在实际操作中深入学习并牢固掌握知识，卓有成效地提升了学生的综合素养。教学课例实践精心设计了综合性的项目任务，巧妙地引导学生全面整合并运用前几个单元所学的语言知识和技能，进而显著提升学生的综合语言运用能力。此外，Project 教学高度重视学生的实践活动，让学生在亲身实践中掌握知识和技能。通过精心策划的项目活动，学生能够将所学知识无缝衔接到实际情境中，大幅提高语言运用的准确性和流利性。在英语教学中，Project 板块可以全方位涵盖听、说、读、写等多个层面的语言技能，让学生在丰富多样的实践中全面提升自己的语言能力。以湖南省张欢英名师工作室的实践为例，通过 Project 板块的教学设计与实践，英语教学取得了显著成效，不仅深度培养了学生的学科素养，还切实提高了学生的实践能力和创新思维。学生在参与跨学科的项目中，学会了从不同角度思考问题，运用多种知识和技能解决复杂问题，同时培养了面对挑战时的坚韧和

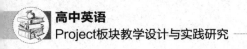

创新精神。具体可以从以下几个方面来阐述。

一、激发学生的学习兴趣

通过 Project 板块的教学课例实践，学生仿若置身于一个充满新奇与探索的知识天地。他们能够在真实的情境中学习和摸索，这种高度契合学生认知特性的学习模式，宛如一把神奇的钥匙，成功点燃了学生的学习兴趣和主动性。 Project 板块大力倡导学生依据个人的兴趣和专长自主挑选项目，如此个性化的选择极大地激发了学生的学习内驱力，显著提高了他们参与项目的热情。在选定项目之后，学生需要明晰项目的具体目标和要求，并制订周全的项目计划，其中涵盖了合理的时间安排、科学的任务分工、充分的资源筹备等诸多环节。这一过程仿若精心绘制一幅蓝图，有助于学生透彻理解项目的整体架构，有力地锤炼了他们的规划能力和全局意识。相关研究数据表明，采用 Project 板块教学的班级，学生所展现出的学习兴趣和主动性，明显优于传统教学模式下的班级。 Project 板块的教学课例实践始终将关注点聚焦于学生的实践操作和问题解决能力的培养上，让学生在实践的广袤天地中茁壮成长。这种注重实践的学习方式，精心培育了学生的实践能力和创新精神，为学生未来的职业发展和社会适应能力筑牢了坚实的根基。

二、促进学生的团队协作和沟通能力

Project 教学往往采用小组合作的形式来展开，这就迫切需要学生之间紧密配合、携手并肩共同完成项目任务。在通力合作的进程中，学生能够逐步学会如何与他人默契合作、如何合理地分工协作、如何高效地协作沟通等，进而有效地提升自身的团队协作和沟通能力。在项目完成之后，学生需要进行成果展示和交流。通过这一环节，学生能够更深入地了解其他小组的项目成果和创新构想，同时能够充分锻炼自身的表达能力和自信心。这种展示与交流的过程，不单是知识和经验的共享，更是学生个人能力和团队精神的璀璨绽放。

三、增强学生的学习体验和成就感

Project 教学课例实践为学生提供了丰富多元、异彩纷呈的学习体验。学生在项目活动中能够广泛接触到各种知识和技能，大大拓宽了自己的视野和知识面。通过圆满完成项目任务并自信地展示自身的成果，学生能够收获满满的成就感。这种成就感宛如强大的内生动力，有力地激发了学生的学习兴趣和探索欲望，鞭策他们以更昂扬的斗志和更坚定的决心投入到后续的学习和探索之中。在项目落下帷幕之后，教师会悉心引导学生全面总结项目经验，其中包含他们在项目过程中遭遇的种种困难、巧妙化解问题的有效策略、宝贵的收获和深刻的体会等。这种深入的总结不仅能够助力学生更深刻地理解和掌握知识，也能够为他们未来的学习和工作提供弥足珍贵的参考。学生还需要认真反思自己在完成项目过程中的学习历程，包括自身的学习态度、所运用的学习方法、最终达成的学习效果等多个方面。这种自我反思犹如一面明晰的镜子，能够帮助学生清晰地洞察自己的不足之处，从而为他们后续的学习指明改进的方向和路径。由于本书前面已经展示多种课例，在此不做赘述。

第二节　教学课例实践在职业教育
领域的应用

除了基础教育以及高中的课堂教学，Project 教学在职业教育教学中也是非常重要的。随着中国的复兴和强大，中国制造口号逐步被提出，职业教育的重要性也就越来越明显了。而以项目式教学为指导的 Project 教学，与职业教育的宗旨非常契合，能够很好地在职业教育领域应用。

一、提高学生的职业技能

在职业教育领域，Project 板块的教学课例实践通过精心模拟真实的职业场景和工作任务，为学生创造了一个沉浸式的学习环境，使他们能够在实践操作中学习和熟练掌握职业技能，从而显著提高了学生的职业素养和市场竞争力。例如，北京市通州区潞河中学在教学实践中通过 Project 板块的精心教学设计和扎实实施，使学生得以在高度仿真的商务环境中进行实际操作和演练，切实提高了他们的商务沟通技巧和实践能力。这种实践教学方式让学生在面对真实的职业挑战时，能够更加从容自信，具备更强的解决问题的能力。

二、培养学生的职业素养

Project 板块的教学课例实践不仅注重学生的职业技能培养，还强调学生的职业素养教育。通过亲身参与实践项目的学习过程，学生能够更加直观、深入地了解职业规范和职业素养的具体要求，从而提高自己的职业素养和敬业精神。

三、增强学生的团队协作能力

在 Project 板块的教学课例实践中，学生通常需要以分组合作的形式共同完成学习任务和项目，这种学习方式能够培养学生的团队协作能力和合作精神。通过协作学习，学生能够更好地沟通和协作，提高团队的整体效能。在协作学习的过程中，学生学会了如何与团队成员进行高效的沟通和协调，如何充分发挥各自的优势，实现资源的优化配置，从而提高团队的整体效能。这种团队协作能力的培养，对于学生未来步入职场，适应团队工作环境，具有极其重要的意义。接下来就以一个案例来详细分析。

Project 英语教学课例实践在职业教育领域的
具体应用案例分析

【案例背景】

在职业教育的范畴内，英语教学的意义绝非仅仅局限于提升学生的语言技能，更为关键的是要培育他们在专业领域中运用英语的实际能力。为了更有效地达成这一目标，我们精心策划并实施了一个专门针对旅游管理专业学生的 Project 英语教学课例实践。此案例的核心意图在于借助实际的项目运作，切实提高学生的英语实践水平、团队协作能力以及职业素养。

【案例实施过程】

（一）项目选题与分组

选题：选择"地方特色旅游线路英文推广"作为项目主题，明确要求学生设计并推广一条能够彰显地方特色的旅游线路。

分组：将学生分成若干小组，每组4～5人，并选出一名英语水平较高、组织协调能力较强的学生担任组长。

（二）市场调研与需求分析

学生运用英语展开市场调研活动，全面了解目标市场中游客的旅游偏好、预算规划以及出行时间安排等关键信息。通过对调研结果的深入分析，确定旅游线路的主题、景点、交通方式等重要内容，并用英语撰写详尽的调研报告。

（三）旅游线路设计与规划

学生依据市场调研的成果，构思并设计出一条独具地方特色的旅游线路，同时运用英语编写细致的行程安排和生动的景点介绍。在设计过程中，学生必须高度关注英语表述的准确性和地道性，以确保推广材料能够有效地吸引目标市场的游客。

（四）市场推广与营销

学生使用英语撰写旅游线路的推广材料，包括宣传册、海报和网站文案等。利用社交媒体、旅游网站等渠道进行市场推广，吸引潜在游客的注意。设计英语营销活动，如优惠促销、互动问答等，提高推广效果。

（五）项目实施与评估

学生依照设计的旅游线路进行实际操作，其中包括与旅行社、酒店、景点等相关方的沟通与合作。在项目实施的进程中，学生需要认真记录游客的反馈意见和建议，以便为后续的改进工作提供有力依据。项目完成之后，学生需要撰写项目总结报告，运用英语剖析项目的成功之处与存在的不足之处，并提出具有针对性的改进建议。

【案例效果与评估】

（一）英语实践能力提升

学生通过亲身参与实际操作，大幅提高了英语应用能力，包括阅读、写作、听力和口语等多个方面。在市场调研、线路设计、推广营销等一系列环节中，学生充分展示了所学的英语知识，深度强化了对专业知识的理解和掌握。例如，在市场调研环节，学生能够读懂并理解英文的旅游市场调查报告；在撰写行程安排和景点介绍时，能够运用英语准确、流畅地进行描述；在与潜在游客进行口语交流时，能够自信、清晰地表达旅游线路的优势和特色。

（二）团队协作能力增强

在整个项目的实施过程中，学生需要携手共同完成各项任务。这种紧密的合作模式极大地增强了学生的团队协作能力。学生逐步学会了如何进行合理的分工协作、如何妥善解决团队内部的冲突等关键的团队合作技巧，进而显著提高了团队的整体工作效率。比如，在小组讨论中，学生能够倾听他人的意见，积极发表自己的观点，共同商讨出最佳的解决方案；在任务分配时，组长能够根据每个成员的特长和优势进行合理安排，确保各项工作得以顺利推进。

（三）职业素养提高

学生通过实际操作，深入了解了旅游行业的最新动态和发展趋势，从而有效地提升了自身的职业素养。学生熟练掌握了如何分析市场需求、制定精准的营销策略等重要的商业技能，为未来的职业发展奠定了坚实稳固的基础。例如，学生学会了从市场数据中洞察游客的需求变化，根据市场动态调整旅游线路的设计和推广策略；在与各方合作伙伴的沟通协调中，培养了良好的职业沟通技巧和服务意识。

本案例采用 Project 英语教学方式，让学生在实际操作中切实提高了英语实践能力、团队协作能力和职业素养。通过市场调研、线路设计、推广营销等多个环节的实践锻炼，学生不仅牢牢掌握了旅游行业的专业知识，还显著提升了在实际工作中的英语应用能力。这种教学模式有助于学生更出色地适应未来的职业需求，极大地增强了他们在职场上的竞争力。

第三节　教学课例实践的推广策略

Project 板块教学虽然在各层级教学中有着不可忽略的作用，但是在中小学教育领域尚未达成全面普及的理想状态。由于面临着教学时间紧迫、教学任务繁重等现实压力，许多中小学并没有开展 Project 板块教学。因此，提出以下几个策略推广 Project 板块的教学。

一、加强教师培训

教师在教学课例实践的推广中起着举足轻重的作用。因此，加强教师培训至关重要。我们应当通过系统性的培训活动，增进教师对教学课例实践的深入理解，提升他们的应用能力和创新意识。例如，组织专题讲座、工作坊活动和实践演练，让教师亲身参与和体验教学课例实践的设计与实施过程。这样的培训不仅能让教师熟悉最新的教学理念和方法，还能帮助他们掌握将理论转化为实际教学行动的技巧，从而有力地推动 Project 教学课例实践在各个教育领域的广泛应用。

二、整合教学资源

为了给教学课例实践提供坚实的支持，整合丰富多样的教学资源势在必行。这包括对教材的优化与更新，使其更贴合教学课例实践的需求；建立全面且实用的案例库，涵盖不同学科、不同层次的典型案例，为教师提供丰富的教学参考；开发和引入高效的教学软件，提升教学的趣味性和互动性。通过整合这些资源，为教学课例实践打造一个丰富、便捷、高效的教学素材和工具宝库，满足教师和学生在教学过程中的多样化需求。

三、建立合作机制

建立与企事业单位、社区等的紧密合作机制，是拓展教学课例实践空间的重要途径。通过校企合作、社会实践等多元化形式，为学生创造更多在真实工作环境中学习和实践的机会。比如，学校与企业共同制订实习计划，让学生在企业中参与实际项目，将所学知识与实际工作相结合；与社区合作开展社会调研、志愿服务等活动，培养学生的社会责任感和实践能力。这种合作机制能够打破校园的边界，让学生在更广阔的社会舞台上锻炼成长，同时也促进了教育与社会需求的紧密对接。

四、加强宣传推广

通过多种渠道广泛宣传教学课例实践的显著优势和重要价值，是提高其社会认知度和支持度的有效手段。利用互联网平台、教育期刊、电视广播等媒体，全面展示教学课例实践的成果和影响力。同时，积极组织各类教学交流活动和研讨会，邀请教育专家、一线教师和社会各界人士共同参与，分享成功的经验和行之有效的方法。通过这些交流平台，推动教学课例实践不断向纵深发展，为教育改革注入持续的动力。

"三新"视域下指向深度学习的 Project 板块教学设计与实践研究在各

个领域的应用和推广具有重要意义。通过加强教师培训、整合教学资源、建立合作机制和加强宣传推广等策略的实施，可以进一步推动 Project 板块教学课例实践的深入发展和广泛应用，为教育教学的改革和创新提供有力支持。

第五章

结论与展望

　　我们对高中英语 Project 板块的教学设计与实践进行了深入探索，取得了一系列具有重要意义的结论。

　　在教学设计方面，我们成功构建了一套以学生为中心、注重任务驱动和合作学习的教学模式。通过精心设计项目主题，紧密结合课程标准和学生实际需求，激发了学生的学习兴趣和主动性。在教学过程中，明确了教师的引导角色和学生的主体地位，为学生提供了充分的自主探索和合作交流的机会。

　　实践结果表明，这种教学设计有效地提升了学生的英语综合运用能力。学生在项目实施过程中，听、说、读、写各项技能得到了全面锻炼，语言表达更加准确流畅。同时，学生的思维能力也得到了显著发展，能够运用批判性思维和创新思维解决项目中遇到的问题。合作学习在 Project 板块教学中发挥了重要作用。学生在小组合作中学会了倾听他人意见、分工协作、共同解决难题，培养了良好的团队合作精神和沟通能力。此外，通过完成具有实际意义的项目任务，学生增强了对英语学习的自信心和成就感，提高了学习积极性和主动性。

　　然而，在实践过程中也发现了一些问题和不足之处。例如，部分学生在时间管理和任务分配方面存在困难，导致项目进度拖延；部分小组在合作过程中出现成员参与度不均衡的现象；教师在指导过程中有时难以把握介入的时机和程度。

　　基于以上结论，对未来高中英语 Project 板块的教学提出以下展望。

在教学设计上，应进一步优化项目主题的选择和任务的设置，使其更具针对性和挑战性，以满足不同层次学生的需求。同时，加强对学生时间管理和任务分配能力的培养，通过提前培训和过程监督，确保项目能够按时高质量完成。对于合作学习，要探索更加科学合理的分组方式，确保小组成员能够优势互补、充分参与。教师应加强对合作过程的监控和指导，及时解决出现的问题，促进小组合作的高效进行。

　　在教师培训方面，应提供更多关于 Project 板块教学方法和策略的培训，提高教师的专业素养和教学水平，使教师能够更加熟练地引导学生开展项目学习。此外，随着信息技术的不断发展，应积极探索将多媒体、网络资源等融入 Project 板块教学中，为学生提供更加丰富的学习资源和更广阔的交流平台。

　　总之，高中英语 Project 板块的教学具有广阔的发展前景和研究空间。通过不断改进教学设计、加强教师培训和利用现代技术手段，相信能够更好地发挥其在培养学生英语综合素养方面的重要作用，为学生的未来发展奠定坚实基础。

第一节　Project 板块教学设计与实践研究结论

《普通高中英语课程标准（2017年版2020年修订）》中指出，以立德树人为根本任务、以学生学科核心素养发展为纲的高中英语课程坚持五大基本理念：发展英语学科核心素养，落实立德树人根本任务；构建高中英语共同基础，满足学生个性化发展需求；实践英语学习活动观，着力提高学生学用能力；完善英语课程评价体系，促进核心素养有效形成；重视现代信息技术应用，丰富英语课程学习资源。

英语课程倡导指向学科核心素养发展的英语学习活动观和自主学习、合作学习、探究学习等学习方式，教师在教学过程中应设计具有综合性、关联性和实践性特点的英语学习活动，使学生通过学习理解、应用实践、迁移创新等一系列融语言、文化、思维为一体的活动，获取、阐释和评判语篇意义，表达个人观点、意图和情感态度，分析中外文化异同，发展多元化思维和批判性思维，提高英语学习能力和运用能力。

随着国际交流的日益频繁，英语作为一门国际通用的语言，它的重要性也日渐凸显。我们已经进入了全球化、移动化时代和人工智能化时代，我们培养的学生也将面临一个不确定的、多变的社会，学生的学习形态呈现多样化发展趋势：社会学习、可视学习、移动学习、游戏学习、自主学习、合作学习、探究学习、深度学习、建构学习等，我们的授课形式也要从单一的教授转变成教师授课与学生自主学习、小组学习、合作学习、探究学习等多种学习方式相结合，要以学生为核心，因材施教，进行个性化培养，而 Project 板块的教学正充分体现了现代英语教学的发展新趋势。Project 板块教学以学生为中心，让学生通过实践活动来运用和巩固所学英语知识，以此来提高学生的英语综合运用能力。

　　Project 板块教学重在培养学生的语言输出能力，尤其是口头表达和写作技能的培养。这个板块主要解决三个基本问题：为什么输出、输出什么以及怎么输出。在探究性活动中，学生将所学的英语知识和技能运用到实践中，既加深了对知识的理解和记忆，也提高了英语的综合运用能力；在 Project 板块教学中，学生需要思考、调查、讨论、交流和合作，这有助于培养他们的开放性思维、创新精神和合作意识。Project 板块教学还注重培养学生的多种能力，如解决问题的能力、创新能力、合作能力等，以促进学生的全面发展。在 Project 板块教学中，教师需要从传统的知识传授者转变为学生学习和发展的促进者、指导者和合作者，引领学生进行英语学习的探究和互动式学习。在知识大爆炸的时代，教师还需掌握项目式学习的基本理论和方法，了解英语学科核心素养的要求，熟悉课程标准和教材，多方位探索现代教育技术在教学中的使用，充分发挥现代科技在教育中的优势，做到扬长避短。教师需要在实际教学中不断创新和完善教学方法手段，了解学生的学习需求和兴趣，从而设计出符合学生实际的教学方案；教师既可以通过设计各种创新性的教学活动来激发学生的学习兴趣和创造力，也可以在课堂上营造一种鼓励和支持学生创新行为的氛围，来践行英语核心素养观。与此同时，教师本身需要具备跨学科思维和技术融合的能力，注重将课程标准和核心素养所涉及的关键概念、核心经验与真实情境相融合，使学生的学习更具有生活价值。

本书从"三新"背景下 Project 板块教学所面临的挑战和意义，以及各个层面分析了 Project 板块教学的重要性，这对于践行英语教学的核心素养，培养学生的活动实践观至关重要。从理论上来讲，高中英语 Project 板块的学习旨在培养学生的英语学科素养，提升学生的英语综合运用能力，涉及心理学、教育学、建构主义学习理论、合作学习理论、任务驱动理论等，本书也从深度学习、赋能教学以及生长课堂等方面对 Project 板块的教学进行理论指导。通过主题式语言项目学习、综合性复习、语言实践、手工制作和展示、情境创设等方式实现英语项目式学习，发现语言规律，逐步掌握语言知识和技能，不断调整情感态度，形成有效的学习策略，发展自主学习能力。本书还从学习者、教师以及文本等多个角度对 Project 板块教学进行了详尽的分析，让各个层面的阅读者都能有所受益。本书的第四章和第五章节重点介绍了教学实践和反思，涵盖了教学目标、教学内容、教学方法、教学评价等方面，也覆盖了基础教育、职业教育、高等教育等各个领域，有着切实可行的指导意义。

第二节　Project 板块教学设计与实践研究展望

在全球教育改革的宏大背景之下，教育部的专家们精心提出了人文底蕴、科学精神、学会学习、健康生活、责任担当、实践创新等六大核心素养。这一理念的适用范围广泛，英语学科自然也不例外。

英语教育的目标绝非仅仅是让学生掌握一门可用于交流的外语，更重要的是要促使学生通过英语学习实现全面的发展。而 Project 板块教学在这方面发挥了显著作用，成功地解决了学生"学了英语不会用"的难题。通过在真实情境中完成特定的学习任务，并展示学习成果，学生的综合语言运用能力得到了极大的提升。与传统的复习课相比，Project 板块教学具备更为突出的趣味性和实践性。在 Project 板块教学中，学生通过参与形式多样的活动和项目，能够满怀热情地投入到学习之中，从而显著提升了学习的兴趣和动力。Project 板块教学积极鼓励学生自主思考、深入探究以及协同合作。学生若要顺利完成项目，就必须不断尝试新的方法和独特的思路。这一过程有效地培养了学生的开放性思维和创新意识。他们不再局限于既定的模式和框架，而是敢于突破常规，大胆提出自己的见解和想法。同时，通过亲身参与项目，学生能够切实锻炼自身的团队协作能力、沟通能力以及组织能力等多方面的重要能力。这些能力的培养为他们未来的学习和生活构筑了坚实的基础，有力地促进了学生的全面发展。此外，Project 板块教学的内容通常与学生的生活实际紧密相连。在实际情境中运用英语，有助于学生更透彻地理解所学知识。这种与生活紧密结合的教学方式，让学生能够清晰地感受到英语的实用性和价值，从而进一步激发他们学习的积极性和主动性。

展望未来，Project 板块教学将会进一步深化综合语言实践项目的理念。例如，通过组织更加丰富多样、精彩纷呈的活动，全方位培养学生的综合语言运用能力；更加注重对学生实践应用能力和素养的培育，全面提高学生的综合能力。在教学过程中，我们需要进一步强化学生的主体地位，充分发挥学生的主动性和创造性。我们应当注重培养学生的自主学习能力，助力学生养成良好的学习习惯和科学的学习方法，让学生在学习过程中逐渐学会自我管理、自我监督和自我评价，从而实现从被动学习到主动学习的转变。在信息化教学的有力推动下，Project 板块教学将不断拓展实践应用的领域和形式，借助先进的信息技术手段，为学生创造更多元化、更具创新性的学习环境和学习资源，让学生在丰富的实践中学习、体验和成长，真正实现学以致用、知行合一。同时，我们将高度重视与其他学科的融合，积极培养学生的跨学科思维和综合能力，通过打破学科之间的界限，引导学生从多角度、多维度去思考和解决问题，提升学生的综合素质和创新能力。为了确保 Project 板块教学的有效实施，必须加强对教师的培训和教研指导。我们可以通过组织教师参加专业培训、广泛分享优秀教学案例、深入开展教学研讨等多种方式，全面提高教师的专业素养和教学能力，为 Project 板块教学的顺利开展提供坚实有力的保障，让教师能够更加自信、从容地应对教学中的各种挑战和机遇，为学生的成长和发展贡献更多的智慧和力量。

附 录

实用的教学资源

　　高中英语 Project 板块教学设计所采用的资源丰富多样，旨在帮助教师有效地引导学生完成项目式学习任务，提升其综合语言运用能力和跨学科素养。教材配套资源是基础，包括教师教学用书、教材光盘等，其中往往提供了项目主题的背景知识、教学目标的建议、活动步骤的指导以及参考案例，为教学设计提供了框架和方向。在线教育平台则是获取丰富多样资源的重要渠道。例如，一些知名的教育平台提供了精心制作的教学设计模板、多媒体素材，如图片、音频和视频，有助于创设生动的教学情境。此外，学术论文和研究报告也是有价值的资源。它们深入探讨了 Project 板块教学的理论基础、教学方法和实践效果，为教师开展教学设计提供了科学的依据和创新的思路。教学博客和教育论坛上，众多一线教师分享他们的实战经验和教学心得。这些真实的案例可以让教师了解不同的教学策略在实际课堂中的应用效果。与其他教师的交流和合作也十分重要。通过参加教研活动、教师工作坊等，教师能够共同探讨、分享彼此的教学设计资源，形成资源共享的良好氛围。同时，优质的教学设计案例集也是不可或缺的资源，其中包含了详细的教学流程、活动安排、评价方式等，教师可以根据自身教学实际进行修改和调整。本章将从教学内容、教学目标、学者分析、教学方法与策略、教学过程设计、知识点梳理、教学反思与改进、板书设计、课后拓展、作业布置与反馈等10个方面深入地探讨几个教学案例，为教师提供理论支持和教学方法的启示。

案例1:

[2023—2024学年高中英语译林版（2020）必修第二册]
Unit 1 Lights，camera，action！Project and Assessment 教案

一、教学内容

本节课的主要内容是高中英语译林版（2020）必修二Unit 1 Lights，camera，action！Project and Assessment部分，旨在让学生通过完成一个项目，将所学知识运用到实际中，同时进行自我评估，提高学习效果。

教学内容包括以下几个方面。

（1）项目介绍：向学生介绍项目的内容和要求，并解释项目的目标。

（2）任务分配：根据学生的技能和兴趣将他们分成小组，并分配不同的任务。

（3）项目执行：各小组按要求完成项目。

（4）结果展示：每个小组展示项目成果，其他学生对其进行评价。

（5）自我评价：学生评价自己在项目中的表现，了解自己的优缺点。

（6）教师评价：教师评价学生项目成果，及时提供反馈和建议。

二、核心素养目标

本节课的教学目标是帮助学生通过完成项目，将所学知识运用到实际中，同时进行自我评价，提高学习效果。具体目标包括以下几个方面。

（一）知识目标

通过完成本项目，学生能够掌握本单元所教授的重要词汇和语法知识，并且能够运用到实际中。例如，学生能够使用本单元所学的动词短语描述电影。

（二）技能目标

通过完成本项目，学生能够提高合作交流能力和口语表达能力。例如，学生在小组内进行合作，共同完成项目，在成果展示环节，能够清晰、流畅地表达自己的观点。

（三）情感目标

通过完成本项目，学生能够培养对英语学习的兴趣和自信心；而且通过自我评价，学生能够发现自己的优缺点。例如，学生能够在本项目展示环节积极参与展示，对自己的表现进行客观评价，并且提出改进措施。

（四）思维目标

通过完成本项目，学生能够培养创新思维和批判性思维，并且能够在项目实施过程中，提出自己的观点和看法。例如，学生在完成本项目过程中，能够从不同角度思考问题，提出他们独特的解决方案。

（五）文化目标

通过完成本项目，学生了解了不同国家的电影文化，从而提高了跨文化交际能力。

三、学习者分析

（一）学生的学习兴趣、能力和学习风格

学生的学习兴趣可能与电影和娱乐产业有关，他们可能对电影制作、演员表演等方面感兴趣。他们具备一定的口语表达能力和一定的合作能

力。在学习风格方面，学生可能更倾向于通过实践和互动来学习，如小组讨论、角色扮演等。

（二）学生可能遇到的困难和挑战

（1）词汇和语法知识的运用：学生需要将所学的词汇和语法知识运用到实际中。

（2）口语表达和合作：学生需要进行积极的口语表达和合作。

（3）自我评价：学生需要进行一定的自我反思和自我评价。

四、教学方法与策略

（一）选择适合教学目标和学习者特点的教学方法

（1）讲授：通过讲解示范，帮助学生掌握本节课所学的重点词汇和语法知识。

（2）讨论：通过小组讨论，促进学生之间的互动和合作，提高学生的口语表达能力。

（3）案例研究：通过分析电影案例，帮助学生了解不同国家的电影文化，提高学生的跨文化交际能力。

（4）项目导向学习：通过完成一个具体项目，帮助学生将所学知识运用到实际中，从而提高他们的合作能力和解决问题的能力。

（二）设计具体的教学活动

（1）角色扮演：让学生分组进行角色扮演，模拟电影制作的过程，提高学生的口语表达能力、团队合作能力以及交际能力。

（2）实验：通过实验，让学生亲身体验电影制作的流程，提高学生的实践能力和创新能力。

（3）游戏：设计一些与电影和娱乐产业相关的游戏，如电影知识问答等，提高学生的参与度和兴趣。

（三）确定教学媒体和资源的使用

（1）PPT：制作与本节课内容相关的PPT，向学生展示相关电影案例，帮助学生理解和记忆。

（2）视频：播放一些与电影或娱乐产业相关的视频，如电影片段、访谈等，从而提高学生的兴趣和参与度。

（3）在线工具：使用一些在线工具，如在线论坛等，帮助学生进行研究和讨论。

五、教学过程设计

（一）导入环节（用时5分钟）

（1）创设情境：播放一段热门电影的预告片，让学生感受到电影的魅力，从而激发他们的学习兴趣和求知欲。

（2）提出问题：向学生提出问题，如"Do you like watching movies? What is your favorite movie genre？"引导学生思考并积极参与课堂。

（二）讲授新课（用时20分钟）

（1）讲解词汇和语法知识：围绕本节课所学的重点词汇和语法知识进行讲解，以期学生能够理解和掌握。

（2）讲解电影文化：通过讲解不同国家的电影文化，帮助学生了解不同文化的特点和差异。

（三）巩固练习（用时10分钟）

（1）练习：学生在练习中运用所学的词汇和语法知识，提高他们的实际运用能力。

（2）小组讨论：学生分组讨论，共同完成与电影或娱乐产业相关的小组任务，提高团队合作能力。

（四）课堂提问（用时5分钟）

（1）提问：向学生提问，如 "What is your opinion on the film and entertainment industry？ What is your favorite movie genre？"引导学生思考并参与课堂。

（2）师生互动环节（用时5分钟）

①讨论：组织学生讨论与电影和娱乐产业相关的话题，如 "Who is your favorite movie star？ What impact do you think movie stars have on society？"引导学生积极参与并发表自己的观点。

②互动游戏：设计一些与电影相关的互动游戏，如 "Guess movie stars"等，提高学生的参与度和兴趣。

（3）总结环节（用时5分钟）

①总结：教师和学生一起对本节课所学的内容进行总结，加深记忆。

②作业：布置与本节课相关的作业，如 "Write an article about your favorite movie"，以提高学生的实际运用能力。

六、知识点梳理

（1）词汇：学生能掌握本项目词汇，包括与电影和娱乐产业相关的词汇，如 "actor" "director" "film" "movie"等。

（2）语法：学生能掌握本项目语法知识，如动词时态、被动语态等。

（3）电影知识：学生能了解各种电影知识，如不同类型的电影、电影制作过程、电影评价标准、电影对社会的影响、电影产业的发展趋势等。

（4）电影审美：学会欣赏电影，包括电影的情节、导演技巧等方面；了解电影与艺术的联系，以及电影中的艺术元素。

七、教学反思与改进

下面我对整个教学过程进行反思，并对未来的教学制订改进计划。

（1）在导入环节播放热门电影预告片来激发学生的兴趣十分有效。这让学生对接下来的教学内容充满了期待，能够更加积极地参与进来。然而，在提出问题时，速度稍快，没有给学生足够的时间思考。在未来的教学中，我计划给学生更多的思考时间，鼓励他们积极参与并发表自己的观点。

（2）在讲授新课时，对词汇和语法知识的讲解比较详细，但有些枯燥。因此，我计划在未来的教学中加入更多的实例和实际应用，让学生能够在实践中学习和运用这些知识。

（3）学生在小组讨论中表现出色，能够积极合作并完成任务。因此，我计划在未来的教学中更多地采用小组活动，以促进学生之间的互动和合作，增强他们的口语表达能力和英语交际能力。

（4）因为学生对电影和娱乐产业的话题非常感兴趣，所以他们能够积极思考并发表自己的观点。因此，在未来的教学中应该更多地引入学生感兴趣的话题，以提高他们的学习兴趣和参与度。

八、板书设计

Unit 1 Lights, camera, action! Project & Assessment	
词汇：	小组讨论：
语法：	

九、课后拓展

（1）自主学习：鼓励学生利用课后时间进行自主学习和拓展，通过阅读、观看视频、参加在线课程等方式，提高英语水平和专业知识。

（2）分享和讨论：鼓励学生在课后与同学分享他们所学到的知识和观点，进行讨论和交流，提高沟通和协作能力。

（3）完成作业：鼓励学生完成与课后拓展相关的作业，如撰写电影评论、制作电影预告片等，以巩固所学知识和技能。

十、作业布置与反馈

（一）作业布置

（1）词汇作业与语法作业：要求学生完成本项目练习题。

（2）小组合作作业：要求学生分组合作，一起撰写一篇电影评论，相互讨论，培养批判性思维。

（二）作业反馈

教师应及时对学生的作业进行批改，指出语言表达、逻辑思维、观点表达等方面的不足，并给出改进建议，以提高学生的影评写作能力。

案例2：

［2023—2024学年高中英语译林版（2020）必修第三册］
Unit4 Scientists who changed the world Project and Assessment 教案

一、教学内容分析

本节课的主要教学内容为"Scientists who changed the world Project and

Assessment"，属于2023—2024学年高中英语牛津译林版（2020）必修第三册的第四单元。本节课将深入探讨科学家如何改变世界，以及他们的贡献对现代社会的影响。通过学习本节课的内容，学生可以更好地理解科学家的重要性，以及他们是如何通过自己的研究和发明来推动社会进步的。

二、核心素养目标

（1）知识目标：通过本节课的学习，学生能够了解科学家对世界的重大意义，包括他们的成就、贡献以及他们的工作方式。例如，学生能够了解牛顿的重要发现和发明，以及他对物理学等领域的影响。

（2）技能目标：通过本节课的学习，学生能够通过阅读和分析文本，提取关键信息，并自主总结和表达。例如，学生能够阅读有关牛顿的文章，归纳总结他的主要成就和贡献，并用自己的语言来表述。

（3）情感目标：通过学习科学家的事迹，学生能够体会到科学家对人类进步的贡献，并能够产生对科学家的敬佩之情。例如，学生能够了解到牛顿的万有引力定律对人类理解宇宙的重要性，并能够对牛顿的成就感到钦佩。

（4）思维目标：学生能够理解科学家的工作方式，包括他们的研究方法、思考过程以及他们如何解决问题。例如，学生能够了解爱因斯坦的思考方式和他解决科学问题的过程。

（5）文化目标：学生能够运用所学的知识来分析现实生活中的科学现象。例如，学生能够运用牛顿的万有引力定律来解释和分析地球上的物体运动现象。

三、教学难点与重点

（一）教学重点

（1）学生了解科学家对世界的重要意义，包括他们的成就、贡献以及他们的工作方式。

（2）学生能够通过阅读和分析文本，提取关键信息，并自主总结和表达。

（二）教学难点

（1）部分学生可能在文本的阅读和理解方面存在困难，难以提取关键信息。因此，教师需要通过阅读技巧的指导和练习，帮助学生提高阅读和理解能力。例如，教师可以通过提问和讨论的方式，帮助学生理解和提取文本中的关键信息。

（2）部分学生可能对科学家对现代社会的贡献不够了解。因此，教师可以通过具体的例子，如介绍爱因斯坦的相对论对现代物理学的影响，帮助学生理解他的贡献对现代社会的影响。

四、教学方法与策略

（一）选择适合教学目标和学习者特点的教学方法

在本节课中，我采用讲授、讨论、案例研究和项目导向学习等教学方法，借助教学媒体和资源的使用，提高教学效果。讲授法可以帮助学生快速了解科学家的成就和贡献，讨论法可以促进学生之间的互动和思考，案例研究可以让学生更深入地理解科学家的研究过程，项目导向学习可以让学生通过实践来加深对科学家工作的理解。

（二）设计具体的教学活动

为了促进学生的参与和互动，我设计了一些具体的教学活动。例如，在介绍牛顿的万有引力定律时，让学生扮演牛顿和实验中的物体，以此来加深他们对定律的理解。此外，我还设计了一些游戏，如"科学家的时间旅行"，让学生通过扮演不同的科学家，体验科学家的研究过程和成就。

五、教学流程

（一）导入新课（约5分钟）

（1）激发兴趣：通过问题"Who is your favorite scientist? Why did he/she attract you?"激发学生的兴趣。

（2）回顾旧知：回顾与本节课相关的已有知识，如科学家的定义、他们的职业等。

（二）呈现新知（约15分钟）

（1）讲解新知：引导学生进行文本阅读，详细讲解本节课的主要知识点。

（2）举例说明：通过具体例子帮助学生理解知识，如牛顿的万有引力定律等。

（3）互动探究：引导学生通过讨论、实验等方式探究知识，如探讨科学家的工作方式和思考过程。

（三）实践操作（约10分钟）

（1）学生活动：让学生动手实践，加深对知识的理解和应用，如进行一个简单的科学实验，体验科学家的研究过程。

（2）教师指导：及时给予学生指导和帮助，解答学生的疑问。

（四）总结反馈（约5分钟）

（1）总结要点：总结本节课的主要知识点和收获，如科学家的成就、贡献以及他们的工作方式。

（2）课堂输出：让学生写一篇短文，总结本堂课内容，表达自己的理解和感悟。

六、教学资源拓展

（1）课外书籍：推荐学生阅读与科学家相关的课外书籍，如《牛顿传》《爱因斯坦传》等，以加深学生对科学家的了解和认识。

（2）网络资源：提供一些与科学家相关的网络资源，如科学家的生平介绍、科学家的成就介绍、科学家的研究方法等，以帮助学生更深入地了解科学家。

（3）社会实践：推荐学生参观一些科学博物馆、科技展览馆等，以便学生更直观地了解科学家的成就和贡献。

七、教学反思与总结

这节课主要介绍了科学家对世界的影响，通过讲授、讨论、案例研究和项目导向学习等多种教学方法，旨在让学生深入了解科学家的成就和贡献。

在教学方法上，我尝试了多种方式，如角色扮演、做实验等，以激发学生的兴趣和参与度。学生在课堂上表现积极，互动探究环节也取得了较好的效果。但我也发现，部分学生在讨论和探究过程中，对科学家的成就和贡献的理解不够深入，这需要我在今后的教学中加强对学生的引导和帮助。

在教学管理上，我尽量保证课堂秩序，让学生在有序的环境中学习。但仍有部分学生在课堂上出现分心、交头接耳的现象，这需要我在今后的教学中加强课堂管理，提高学生的自律意识。

在教学效果上，本节课给学生带来了积极的效果。学生通过学习，对科学家的成就和贡献有了更深刻的理解，同时对科学家的工作方式产生了浓厚的兴趣。但在情感态度方面，我发现部分学生对科学家的事迹还不够敬佩，这需要我在今后的教学中加强情感教育，培养学生的科学精神。

针对存在的问题，有以下改进措施：

（1）在教学方法上，加强对学生的引导和帮助，确保学生对科学家的成就和贡献有更深入的理解。

（2）在教学管理上，加强课堂管理，确保课堂秩序。

（3）在实践活动中，组织学生参观科学博物馆等，让学生更直观地了解科学家的成就和贡献。

八、作业布置与反馈

（一）作业布置

（1）阅读理解：请阅读一篇关于科学家的文章，思考以下问题：科学家的主要成就有哪些？他的工作方式是什么？他的成就对现代社会有什么影响？

（2）写作：请写一篇短文，介绍一位你敬佩的科学家，并说明为什么他吸引了你。

（3）实践操作：请进行一个简单的科学实验，体验科学家的研究过程，并写一篇实验报告。

（二）作业反馈

教师应主动了解学生学习基础及能力，并及时给出作业反馈，如一些阅读理解上面的错误或写作逻辑方面的错误，并让学生及时修正。

九、板书设计

Unit4 Scientists who changed the world Project and Assessment	
Scientists:	Influence:
Work/Thinking style:	

十、课后拓展

（1）自主学习：鼓励学生利用课后时间进行自主学习和拓展，通过阅读材料、观看视频资源、参加在线课程等方式，深入了解科学家的成就和贡献。

（2）提问和讨论：鼓励学生在课后与同学进行提问和讨论，分享自己的学习心得和感悟，互相学习和进步。

（3）总结和反思：鼓励学生在课后进行总结和反思，写下自己的学习心得和感悟，加深对科学家的理解和认识。

（4）分享和展示：鼓励学生在课后将自己的学习成果进行分享和展示，如撰写学习报告、制作PPT展示等，以提高其学习和表达能力。

案例3:

[2023—2024学年高中英语译林版（2020）选择性必修第二册]

Unit 1 The mass media Project Reporting on a recent event 教案

一、教学内容分析

本节课的主要教学内容为"The mass media Project Reporting on a recent event Project and Assessment"。本节课将深入探讨多媒体对于生活的影响。

二、核心素养目标

（1）知识目标：通过本节课的学习，学生可以了解多媒体的基本概念和功能，了解不同媒体的特点和影响，并利用所学知识分析和评价媒体对近期事件的报道。例如，学生可以区分新闻报道和评论报道。

（2）技能目标：学生可以通过小组讨论、案例研究和角色扮演等方法来培养批判性思维和媒体素养，还可以从多个角度分析媒体信息，并利用相关知识分析最近事件中的媒体关系。例如，学生可以通过分析新闻标题、介绍、语言和结论来评价新闻的客观性和公平性。

（3）情感目标：通过本节课的学习，学生能认识到媒体对个人和社会的重要性，并意识到媒体在塑造公众观念和价值观方面所产生的影响。例如，学生可以探讨媒体对近期事件的报道如何影响公众的观点和行为。

（4）文化目标：学生可以通过学习不同国家的媒体文化和新闻报道方

式，进一步了解不同文化背景下的媒体特点和价值观差异，从而提高跨文化交际能力。例如，学生通过比较不同国家的新闻风格和内容，分析其背后的文化差异。

（5）思维目标：学生能够有效阅读和理解新闻报道，以及善于运用批判性思维和媒体素养来分析和评价媒体信息。例如，学生能够准确分析新闻报道中的偏见和倾向性。

三、学习者分析

（1）大部分学生对多媒体和新闻报道感兴趣，并且关注时事新闻和媒体事件。

（2）大部分学生已经具有一定的分析和批判性思维能力，能够对媒体和新闻信息进行深入思考和评价。

（3）大部分学生的学习风格多样，有的喜欢通过阅读和思考来学习，有的则更倾向于通过讨论和互动来学习。

四、教学重点及难点

（一）教学重点

（1）深入解释和引用媒体概念和术语，使学生加深理解。

（2）通过具体的案例和实际操作来加深学生对不同媒体特点和影响的认识。

（二）教学难点

（1）通过具体的任务和练习来提高学生的批判性思维和媒体素养。

（2）通过比较和分析不同国家的媒体文化来促进学生对跨文化交际的理解。

五、教学流程

（一）导入新课（约5分钟）

（1）激发兴趣：通过展示近期热门新闻事件，引导学生关注媒体在报道中的作用和影响。

（2）回顾旧知：回顾媒体类型、媒体功能和媒体影响等相关知识，为学习新知打下基础。

（二）呈现新知（约15分钟）

（1）讲解新知：详细讲解媒体素养的概念和重要性，以及如何运用批判性思维来分析和评价媒体信息。

（2）举例说明：通过一些具体案例，如对新闻报道的分析，帮助学生理解如何运用媒体素养来评价媒体信息。

（3）互动探究：引导学生通过小组讨论，分析不同媒体对同一事件的不同报道，探讨其新闻角度以及客观性和公正性。

（三）实践操作（约10分钟）

（1）学生活动：学生分组讨论，每组选择一个近期新闻事件，并且运用所学知识进行分析和评价，最后对结果进行展示。

（2）教师指导：在学生的实践过程中，教师需要巡回指导，提供必要的帮助和指导。

（四）总结反馈（约5分钟）

（1）总结要点：回顾本节课的主要知识点，包括媒体素养的重要性、批判性思维的运用和新闻报道的客观性评价。

（2）学生分享：请学生上台分享他们在实践操作中的心得体会。

（3）教师反馈：教师对学生的表现进行评价，指出其优点和不足之处，鼓励学生进一步提高自身的批判性思维和媒体素养。

六、拓展与延伸

（1）学生可以选择感兴趣的新闻事件，进行深入研究，分析媒体对该事件的报道及其影响，并撰写研究报告。

（2）学生可以阅读更多关于媒体素养和批判性思维的书籍和文章，提升自己的媒体素养和批判性思维能力。

（3）学生可以加入学校的新闻俱乐部，与其他对新闻和媒体感兴趣的学生一起学习和交流，共同提升媒体素养。

七、作业布置与反馈

（一）作业布置

（1）请学生阅读一篇近期新闻报道，运用本课所学知识进行分析，评价其是否客观公正。

（2）请学生运用批判性思维，分析一篇新闻报道的标题、导语、正文和结论，评价其是否客观公正，并形成书面作文。

（二）作业反馈

教师应主动了解学生学习基础及能力，并及时给出作业反馈，如一些阅读理解上面的错误或写作逻辑方面的错误，并让学生及时修正。

八、板书设计

Unit 1 The mass media Project Reporting on a recent event	
Media types:	Comparison:
Influence:	

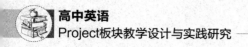

九、教学反思与改进

在教学时，组织学生进行小组讨论，让他们分享对本节课的学习感受和收获。通过这种方式，可以现场评估教学效果，了解学生在本节课上对媒体素养和批判性思维的理解程度。

根据学生的反馈和教学效果评估，量身制定一些改进措施，并在未来的教学中实施。这些改进措施包括调整教学内容和方法，提供更多的实践活动，以及增加与学生的互动和反馈等。